I0148209

LOISIRS DE LA VIEILLESSE

COMMERCY, IMPRIMERIE CH. CABASSE.

LOISIRS DE LA VIEILLESSE

OU

L'HEURE DE PHILOSOPHER

PAR

LE Dr F. NIVELET, ✻, O. ✿

SPIRITUALISME ET MATÉRIALISME
IDÉALISME ET POSITIVISME
PANTHÉISME — MONISME

COMMERCY
CABASSE, IMPRIMEUR-LIBRAIRE
1887

Que le lecteur se rassure... Il ne se heurtera pas, dans ce petit livre, à la longue série d'idées abstraites que font pressentir les mots :

SPIRITUALISME ET MATÉRIALISME ;

IDÉALISME ET POSITIVISME ;

PANTHÉISME ET MONISME.

Dégagée des subtilités de la métaphysique, cette étude, dans un langage à la portée de tous, se résume en simples causeries sur les questions philosophiques, aujourd'hui en discussion, et sur les conceptions antérieures qui ont agité les esprits depuis tant de siècles.

Commercy, le 20 septembre 1887,

Dr F. NIVELET.

A la Vieillesse

C'est à la vieillesse que je dédie cette étude, à la vieillesse forcément oisive, à mes contemporains retirés du monde, et arrivés à la période ou l'on n'a plus qu'à feuilleter le passé et à songer à l'avenir.

« *Car, que faire en son gîte, à moins que l'on ne songe?* »

S'il est une disposition d'esprit spéciale à la vieillesse, c'est la tendance à philosopher, à penser à la vie future.—Je tiens, à ce sujet, un fait bien remarquable :... Un vieux cordonnier, arrivé à 84 ans, s'absorbait dans la lecture de *Sénèque*, le philosophe.... Comme je m'en étonnais, il me répondit, en souriant : que voulez-vous? je préfère cela aux almanachs.,—Et, de qui tenez vous ce livre?—Je le tiens de mon père; ce livre passe, chez-nous, de génération en génération, d'aïeul en aïeul —... Etait-ce de l'atavisme?... J'y ai vu surtout un état psychologique particulier à beaucoup de vieillards.

Mon désir, c'est donc d'apporter quelque distraction à ceux que le scepticisme ou le matérialisme obsède, et qui manquent de disposition à aborder le dédale de la métaphysique.

. Mais, avant tout, je dois satisfaire à la petite faiblesse qui me possède, aussi bien que mes confrères en âge, et rappeler un peu *le bon vieux temps.* C'est le motif des considérations qui vont suivre.

Le grand mouvement social préparé par les encyclopédistes du siècle dernier, et les étonnants progrès des sciences naturelles qui l'ont suivi, devaient amener bien des changements dans nos habitudes, nos gouts, nos croyances. On peut dire qu'aucune période historique n'a subi autant de transformations sérieuses que la période comprise entre le premier Empire et l'époque actuelle. Administration et Instruction publique; Economie politique, sociale et domestique; conditions physiques et morales; éducation de famille,.. tout èst changé: rien ne nous reste du bon vieux temps où j'ai pris naissance.

Oui, la vieillesse de nos jours a le ressouvenir du bon vieux temps ... on dit même que le vieillard en radote!... Et pourtant, peut-on nier le contraste qui existe, dans la vie sociale, entre les conditions d'il y a 70 ans et celles d'aujourd'hui?... L'évolution se fait, le devenir va son train et l'on peut se demander où il aboutira...Le courant du progrès est établi, entraînant et menaçant de déborder sur quelques points... Souhaitons à la génération qui va suivre de le voir s'étaler dans un calme majestueux!

Ce n'est pas que je veuille toucher ici à la politique; ma préoccupation est toute autre et rentre complètement dans les dispositions qu'amène la vieillesse à ruminer le passé et à fouiller le, *que sais-je?* de l'avenir. C'est aux approches de fin de bail que l'on songe à la résidence qui va suivre.

Si, à bien des points de vue, le temps du progrès, le temps présent, est celui du *beau*, il me semble que le temps de ma jeunesse fut celui du *bon*... La génération actuelle ne peut guère se faire une idée de ce qu'étaient autrefois la vie de famille, les mœurs publiques. C'est dans les petits centres de population que les souvenirs du passé se heurtent le plus vivement aux allures du présent, et rendent souvent la vieillesse pessimiste, maussade et chagrine.

Physiologiquement, on constate que les organes du corps humain se durcissent avec l'âge... Si le vieillard radote.... serait-ce donc que, pour lui, le cerveau seul se ramollirait?..

Regrets superflus! doléances déplacées!... Notre siècle n'en restera pas moins, pour l'histoire, le grand siècle des lumières!

L'HEURE DE PHILOSOPHER.

Hégel, dans un discours prononcé à Berlin, en 1818, développant cette thèse : *que la philosophie a pour objet le monde des idées et de l'esprit,* faisait surtout appel à la jeunesse...— « car, la jeunesse, dit-il, est ce temps heureux de la vie où l'on n'est pas encore resserré dans d'étroites limites par les nécessités de la vie extérieure, où l'on peut s'occuper librement de la science et l'aimer d'un amour désintéressé, où l'esprit enfin n'a pas encore pris une attitude négative et sceptique vis à vis de la vérité. Une âme encore saine et pure éprouve le besoin d'atteindre à la vérité, et c'est le royaume de la vérité que la philosophie habite »—.

Mais ailleurs, dans son histoire de la Philosophie allemande, où il considère l'histoire de la philosophie comme expression de l'évolution universelle, il écrit :

—« Pour qu'elle puisse venir à naître, la réflexion philosophique suppose un certain degré de culture intellectuelle. Elle naît alors que l'esprit d'un peuple s'est dégagé de l'indifférence primitive de la vie physique et s'est élevé au-dessus de l'intérêt passionné. Arrivé à l'état de réflexion, l'esprit soumet à l'examen le mode actuel de son existence, sa vie morale et sa foi. En général on commence à philosopher lorsqu'il n'y a plus un accord parfait entre la réalité extérieure et les tendances intimes, lorsque les institutions sociales et religieuses ne suffisent plus à la conscience : alors l'esprit se réfugie dans le monde de la pensée, et la philosophie devient le remède au mal que la pensée a produit »—.

De ces deux propositions, si opposées dans leurs principes, la seconde est pour nous la plus plausible.

C'est en effet, à l'entrée dans la vie active, au contact d'opinions plus ou moins avancées, q'un jeune homme commence à réagir contre les données de son enfance. S'il ne croit plus aux lutins ni aux farfadets, les enseignements du catéchisme s'oublient aussi.

Vainement les études universitaires viennent encore l'entretenir dans la croyance à un Dieu créateur : il rencontre, dans le monde, des cercles de conversation où le scepticisme, sinon l'athéisme, effacent, par de simples affirmations, tous les syllogismes de l'Ecole. Lancé, dès lors, dans les agitations de la vie sociale, dans la lutte pour l'existence; n'ayant, dans l'avenir, d'autre point de vue que les jouissances et le bien être matériel;

rencontrant le mal plus souvent que le bien; son pessimisme éloigne bientôt l'idée d'une Providence s'occupant des choses de ce monde. Ce n'est que plus tard, à l'arrivée de la vieillesse, qu'un repos moral et physique pourra le faire revenir de son indifférence. Tant qu'il restera asservi au terre-à-terre de la routine mondaine, il s'agitera dans ses idées de scepticisme, incapables de lui apporter aucune consolation.

Le scepticisme! Aucune époque en fut-elle plus imprégnée que la nôtre? Le tourbillon social nous enveloppe et nous étreint; et il faut des circonstances de calme, de recueillement, pour que le besoin de croyance nous possède. Car, nos habitudes d'existence matérielle, la sécheresse et trop souvent l'amertume de nos relations, ne tendent guère à relever notre esprit, à remuer nos sentiments.

Sous ce rapport, la vieillesse qui, quoi qu'en dise Cicéron, comporte en elle-même tant de regrets, a au moins cet avantage qu'elle nous laisse des loisirs et nous permet de rentrer en nous même. C'est alors que, par une préocupation dominante, intervient la double question de l'existence de Dieu et de la destinée des êtres.

Arrivé à la fin de mon 14e lustre, j'avais à subir le cauchemar du matérialisme, fruit de mes études médicales. Souvent ma conscience me demandait s'il est possible de repporter tout à la matière?...Tout ce qui nous entoure, tout ce qui est dans l'objectif de nos sens, respire la vie, fait aimer la vie; et tout prouve que, par delà, dans l'infini, des millions de mondes circulent et se transforment comme le nôtre...Et, nous assisterions à ce spectacle sublime sans nous convaincre qu'une force règle toutes ces harmonies?.... Et nous arriverions à admettre que la matière se gouverne elle-même, et exclusivement par ses forces spéciales?... Non, le matérialisme, c'est la désespérance absolue!

Dans l'espoir de changer cette triste perspective, je pris la résolution d'étudier les différents systèmes philosophiques qui ont occupé les esprits depuis tant de siècles....

Mes aspirations allaient au spiritualisme... Hélas! je n'ai pu comprendre Dieu personnifié par les attributs humains dont on l'affuble!.... Le Roi des animaux, l'homme, a trop rapproché de lui même le Créateur des mondes.

En dehors du spiritualisme et du matérialisme, mon sens intime m'avait porté souvent à rêver panthéisme... Dieu partout, puissance invisible, animant et gouvernant tout dans la nature... C'était la représentation de mon rêve... Mais, ici encore, combien de considérations répugnantes à la raison!... Dieu partout, Dieu en nous... N'est-ce pas le faire participant à notre chétive nature? N'est-ce pas encore le comble de l'orgueil humain?... Non, nous ne pouvons concevoir Dieu comme Etre... M. Flammarion, spiritualiste, l'a dit lui-même: « l'Etre « suprême, créé à l'image de l'homme, voit actuellement « cette image s'effacer pour laisser à sa place la réalité *sans forme* »... *La réalité*, sans forme, c'est pour nous *la Force, la Loi*,. Dieu, c'est la force primordiale, régissant, par des lois intrinsèques, les forces secondaires de la nature. ..Dieu, c'est le *dynamisme universel.*

Ire PARTIE

SPIRITUALISME ET MATÉRIALISME

Prolégomènes : DIEU ET AME

I.

Parce que les spiritualistes ont pris l'habitude de retourner et analyser Dieu, *l'inaccessible*, comme un naturaliste le ferait d'un organisme quelconque, ils déclarent athées ceux qui n'ont pas leur pénétration et ne suivent pas leurs errements. Ils devraient être au moins, assez charitables pour reconnaître que l'illuminisme est une faculté toute spéciale et plaindre ceux qui n'en sont pas doués.

Athée! Voilà un gros mot, fort compromettant aux yeux de l'intolérance!

Sans être athée, ne peut-on pas dire avec Mr. VACHEROT : « que la réalité est indigne de Dieu »... Il est vrai que

Mr. Vacherot, plus rafiné que tant d'autres, distingue entre la méthaphysique et la théodicée : il sait voir Dieu sous deux faces, l'une réelle, l'autre idéale... il n'est athée qu'à moitié.

Est-on athée, si l'on admet avec Mr. Renan « qu'il n'y « a pas de vérité absolue, ou, s'il y en a une, qu'elle « est *inaccessible* à l'homme? »

Suis-je athée, moi-même, si en reconnaissant une cause première, dans ce monde, je repousse toute personnification de Dieu?... Fichte, qui est loin de nier Dieu déclare : « Toute conception religieuse qui personnifie « Dieu je l'ai en horreur, et je la considère comme indi- « gne d'un être raisonnable...» Nous ajouterons : qu'en dehors de la conception religieuse, tous les spiritualistes entourent Dieu de qualifications et d'attributs qui rentrent encore dans l'anthropomorphisme; *Intelligence, Sagesse, Beauté, Bonté, Perfection, Etc.*, on se croirait en pleine Cour du Roi-Soleil !

Certes, il existe une cause première de laquelle l'univers tient son existence et sa vie. Cette cause, lorsque l'esprit humain tend à s'élever jusqu'à elle, est, dans son abstraction, bien propre à donner le vertige. Vouloir la représenter par des qualifications ressortissant à notre chétive espèce, nous semble de l'enfantillage, si non de l'orgueil.... Nous ne voyons qu'un mot pour la traduire, un mot abstrait : le mot *force*....

Prise au sens méthaphysique, la *force* est la substance, et la substance est la cause...

Leibnitz a défini la *force* : — « le principe qui a en soi la raison suffisante de l'actualité de l'action. »...— En opposition à Descartes, il ne voit dans *la Pensée* qu'une abstraction, sans le sujet actif qui pense; de même qu'il ne voit dans l'*étendue* qu'une abstraction sans le sujet actif qui résiste et se meut...— « La substance est essentiellement active; elle est une cause, elle est *une force*, c'est-à-dire une puissance qui enveloppe l'effort et se détermine elle-même à l'action.... Le mécanisme universel, tel que Descartes l'avait conçu, n'est que la forme extérieure de la réalité; le *dynamisme universel* en est le fond...»—

En laissant de côté la conception de la *monade* qui n'est qu'un rêve, et celle de l'*harmonie préétablie* équivalente à *la nécessité* du Spinosa et au *fatum* des stoïciens, nous nous rallions au principe fondamental de la philosophie de Leibnitz.

Pour nous, Dieu c'est la force suprême, primordiale, créatrice et directrice, infinie dans l'espace et dans le temps. Elle se distingue des forces de la nature qui émanent d'elle, telles que : la gravitation, le magnétisme, l'électricité, la lumière, le calorique, l'attraction, l'affinité chimique; en un mot, de toutes les forces secondaires qui suffisent au matérialisme pour expliquer la vie.

Cet ensemble de forces constitue, à nos yeux, le dynamisme universel que l'on peut représenter par les mots abstraits : Dieu-Ame-Esprit... Ce sera, si l'on veut du *Panthéisme*... nous dirions plus volontiers, du *Pandynanisme.*

II.

D'après ces considérations, la question de Dieu et celle de l'âme sont inséparables. Distinguer l'âme humaine de l'âme du monde serait le comble de l'inconséquence. La psychologie fondée sur la doctrine de l'âme personnelle, s'écroule par sa base.

Comme principe de vie, les anciens philosophes admettaient une âme raisonnable qui présidait aux fonctions de l'intelligence, une âme sensitive pour les sensations, une âme végétative pour la nutrition. La réduction des rôles de l'âme à un seul, démontre toute la fantaisie de cette conception.

. .

Je cherche une définition précise de l'âme, comme la comprennent les spiritualistes, et je n'en trouve pas d'autre que celle-ci : « L'âme est le principe immatériel de la vie. » — D'un autre côté, le principe vital se définit encore : « Le principe de la vie, indépendamment de la substance organisée ; » il n'est donc qu'une doublure de l'âme ?

Je recours au *divin* PLATON, il m'apprend : « que l'âme « est *une cause active* et *motrice ;* que c'est un nombre « vivant qui se meut lui-même, et qui meut le corps « pour lui imposer sa forme. La présence perpétuelle de « l'âme se démontre par la perpétuité même de son « objet, le mouvement : c'est l'âme qui donne aux choses « leur existence par le mouvement qu'elle leur imprime. » Ne résulte-t-il pas de ce passage, tiré du PHÉDON, que l'âme immortelle, principe de la Pensée, l'est aussi du mouvement, et qu'elle représente la force primordiale ?

Le spiritualisme comporte de beaux rêves, et l'on doit féliciter de leur foi, dans l'absolu spirituel, les esprits assez subtils pour en pénétrer l'essence... Faire la critique des abstractions sur lesquelles il s'appuie, serait pour nous chose à la fois difficile et embarrassante, car, toutes les fois que nous sommes entrés dans ses nébulosités, c'a été pour nous y perdre... M^r. P. JANET viendra à notre aide.... Faisant preuve d'impartialité en le prenant pour juge dans la question, nous y trouverons l'avantage de mettre à profit ses idées nettes et précises, et l'élégante simplicité du style qui les expose.

—« On fait à la vérité à la philosophie spiritualiste une objection très sérieuse, et dont je reconnais la gravité. Cette philosophie, dit-on, ne repose que sur notre ignorance. Partout où les causes nous échappent, elle arrive pour introduire autant d'entités diverses qu'il y a d'inconnues. Ne trouvant pas de passage expérimental de la matière brute à la vie, la voilà qui invente un être qu'elle appelle force vitale; ne pouvant expliquer la pensée, elle invente une force spirituelle qu'elle appelle âme; ne pouvant expliquer toutes les causes de nos actions, elle suppose le libre arbitre; ne saisissant pas le lien intérieur par lequel tous les phénomènes de la nature se rattachent nécessairement les uns aux autres, et à une force unique, elle détache cette force par abstraction, de la nature elle-même, et elle l'appelle Dieu. Ainsi chacune des affirmations spiritualistes n'est qu'un aveu d'ignorance. Les spiritualistes ne voient pas qu'ils prennent les énoncés du problème pour des solutions. Sans doute il y a des inconnues dans la nature; mais ces inconnues ne cesseront pas d'être des inconnues, lorsque vous les aurez appelées force vitale, âme, libre arbitre, cause première. Ce ne sont là que des noms qui laissent les phénomènes aussi inexpliqués qu'auparavant »—.

Certes l'exposé de cette objection est faite avec une bonne foi qui prouve la grande confiance de Mr P. Janet dans la cause qu'il défend... La réplique qu'il y donne lui-même, nous intéresse au même titre.

— « Je fais observer que cette objection n'est très-forte que si l'on commence par supposer à priori que tous les phénomènes de la nature sont produits par une force unique et s'expliquent nécessairement les uns par les autres; mais veuillez, je vous prie, supposer un instant, ce qui n'a sans doute rien d'absurde ni de contradictoire, qu'il y a dans la nature des forces distinctes, d'ordre différent et inégal : quel autre moyen avons nous d'en constater l'existence que d'observer la différence des phénomènes qui les manifestent, et là où ces phénomènes paraîtront irréductibles, d'affirmer la séparation irréductible des causes? La réduction de toutes les lois de la nature à une loi unique, de tous les agents à un agent unique, est déclarée par Auguste Comte lui-même une hypothèse chimérique et antiscientifique Pourquoi prendrions-nous comme accordée une hypothèse aussi arbitraire, et parce que sur deux ou trois points on a trouvé moyen de réduire et de simplifier les causes, pourquoi affirmerions-nous d'une manière absolue qu'il en est ainsi à tous les degrés de l'échelle de la nature? Soit, dira-t-on; mais reconnaissez-alors que vos séparations, vos distinctions sont purement provisoires, qu'elles ne présentent que des hypothèses proportionnées au nombre des faits observés, et soyez tout prêts, devant telle ou telle expérience contradictoire, à renoncer à vos hypothèses. Sans aucun doute, répondrai-je, nous y sommes prêts. Par exemple, le jour où la science trouvera moyen de démontrer la génération spontanée, nous nous inclinerons devant cette démonstration, et nous renoncerons à l'hypothèse d'une force vitale. Mais quant à la force pensante, quelle est, je vous prie l'expérience démonstrative qui pourrait nous réduire au silence? Je n'en vois qu'une seule, ce serait la production artificielle d'un homme sentant et pensant; l'*homunculus* de Faust, telle serait l'*ultima ratio* de cette philosophie unitaire que l'on nous oppose. Or est-il un esprit philosophique qui, par précaution scientifique, s'imposera de renoncer à toute affirmation jusqu'à que ce qu'une telle expérience ait été faite? J'ajoute, si le spiritualisme a raison il lui est précisément impossible de se démontrer lui-même par l'expérimentation. Il faut donc qu'il se contente des indications qui sont à sa portée. Les seules sont les données de la conscience. Or nous ne pouvons que répéter ce que nous avons dit plus haut, c'est que l'analyse de la conscience nous donne toujours une unité de sujet et ne se laissera jamais réduire à l'idée d'une combinaison quelconque (*). » —

(*) Paul Janet, pages 79 — 80.

Nous reconnaissons ce qu'il y a de fondé dans cette réplique, aussi claire que l'objection posée. Mais, nous ne pouvons souscrire aux doctrines superflues de la force vitale et de la force pensante. Nous y reviendrons au chapitre de l'âme personnelle... Quant aux données de la conscience, elles ont, pour chaque opinion, une valeur égale.

Pour nous, il existe des forces physico-chimiques, secondaires ou inférieures à la force primordiale.— Ces forces sont particulières à la matière; elles expliquent les actions et réactions qui se passent en elle; mais, jusqu'à présent, leur réglementation est loin d'être fixée... C'est au mouvement des atomes que le matérialisme attribue le développement de ces forces....Les atomes ne sont-ils pas eux-mêmes une entité, aussi bien que les entités du spiritualisme, aussi bien que les monades de Leibnitz?...Notre idée de force primordiale, pour traduire la cause première, constitue elle-même une entité; elle ne peut représenter qu'un contingent ayant pour nécessaire... un x impénétrable.

Les matérialistes considèrent les forces physico-chimiques comme suffisant, à elles seules, pour expliquer la vie; et pourtant, ils restent impuissants à la créer...

Sans doute, la science moderne est arrivée à produire des organismes composés, entre autres l'urée; mais ces organismes restent inertes; le *mens agitat molem*, l'esprit qui anime la matière, leur fait défaut... Bien loin de produire un *homunculus*, je voudrais les voir donner la vie à une simple cellule, à une monère, à du protoplasma de leur création... Je ne le verrai pas!

SPIRITUALISME ET MATÉRIALISME.

Des trois systèmes sur lesquels aux diverses périodes de l'humanité, s'est fondée la philosophie, le spiritualisme et le matérialisme ont été tour à tour dominants; c'est surtout depuis un siècle que leur opposition directe s'est établie, à l'état permanent, par le fait du développement des sciences naturelles.

Aujourd'hui, sans qu'on puisse dire qu'il y ait lutte ardente et passionnée, les deux camps sont en présence. Le spiritualisme se recueille; il reconnait la nécessité de concessions réciproques; il formule catégoriquement cette déclaration : que, pour soutenir la lutte, avec quelque avantage, les spiritualistes ne peuvent aborder efficacement le terrain de leurs adversaires qu'après s'être renforcés par l'étude des sciences.

C'est ce que Mr Flammarion a compris et mis en pratique dans la savante exposition de son livre : *Dieu dans la nature*, où il affirme à la fois son *Déisme ontologique* et son *Spiritualisme scientifique.*

Propagateur de bonne foi, véritable apôtre, Mr Flammarion s'est donné pour mission de combattre l'envahissement du matérialisme... Y aura-t-il-réussi? nous ne le croyons pas.

Sa dialectique, fondée, avant tout, sur le sentiment, s'appuye aussi sur les notions scientifiques actuelles où il trouve quelquefois de bons arguments. Mais, il étaye sa doctrine sur des principes d'animisme et de vitalisme en contradiction avec la science positive... De là des écarts dans sa conception.

Comme son œuvre attaque de front les principes du matérialisme, dont nous ne pouvons admettre nous-même les exagérations, l'analyse succincte de son livre sera pour nous l'occasion de produire notre sentiment sur les deux doctrines les plus discutées aujourd'hui : *Spiritualisme, Matérialisme.*

SPIRITUALISME DE Mr C. FLAMMARION.

DIEU DANS LA NATURE

L'ouvrage didactique de Mr Flammarion comporte cinq parties, subdivisées en sujets spéciaux en rapport avec la science moderne.

Ne pouvant entrer dans l'examen de toutes les questions, nous arrêterons principalement notre attention sur les bases du problème, *Force et Matière,* compris dans les chapitres : *Ciel* et *Terre,* livre 1er. Nous résumerons ensuite quelques appréciations sur les 4 autres livres intitulés : *la Vie — l'Ame — Destination des êtres et des choses — Dieu.*

Cette étude a eu de l'attrait pour nous parce que l'œuvre de Mr Flammarion se trouve dégagée des subtilités ordinaires de la métaphysique; et, qu'en rapport d'assentiment ou de contradiction avec les données de la science positive, on peut l'étudier sans se perdre dans les nuages.

LIVRE I

FORCE ET MATIÈRE

Tout le débat entre le spiritualisme et le matérialisme consiste à déterminer laquelle, de la force ou de la matière, a la prééminence dans tous les actes de création qui s'opèrent dans la nature?

Le matérialisme remet tout à la matière, au détriment de la force. C'est la matière qui fabrique ses forces par le mouvement incessant de ses atomes; elle n'a pour aide que les forces naturelles, physico-chimiques, la lumière, le calorique, l'affinité, l'attraction et la répulsion électrique et magnétique.

— « Nos matérialistes actuels, dit Mr Flammarion, prétendent que la matière existe de toute éternité, qu'elle est éternellement revêtue de certaines propriétés, de certains attributs, et que ces propriétés, qualificatives de la matière, suffisent avec elle pour expliquer l'existence, l'état et la conservation du monde. » —

M. Flammarion se propose donc de démontrer : — « que *la substance* n'est pas la propriétaire de la force, mais au contraire son esclave; que la direction du monde n'appartient pas aux molécules aveugles qui la constituent, mais aux forces sous l'action desquelles apparaissent les lois suprêmes. Foncièrement, c'est à cette démonstration fondamentale que se résume le problème. » —

Cette position du problème est pour nous très admissible. Observons seulement que le mot *substance* s'employe mal comme synonyme de matière; il semble consacrer ici le principe : que la matière n'a besoin que de ses forces propres. En philosophie, ce mot est surtout particulier au vocabulaire du spiritualisme et s'applique à Dieu.

M. Flammarion déclare ensuite « appartenir en prin-
« cipe *à la conception dynamique* du monde et combattre
« le système incomplet d'un mécanisme *sans construc-*
« *teur.* »

En terme de philosophie, le dynanisme est un système qui suppose que la matière est animée de forces immanentes, et non mue par des forces extrinsèques, ou mécaniques. L'idée d'un *constructeur* jure donc contre le mot dynamisme auquel il est opposé dans la proposition de Mr Flammarion. Nous dirions, nous, *sans moteur*.

N'est-il pas singulier qu'à cette proposition succèdent immédiatement les considérations suivantes : — « Comme l'exprime judicieusement Mr Caro, dans sa philosophie de Gœthe, d'un côté le mécanisme explique tout par des combinaisons et des groupements d'atomes primitifs, éternels. Toutes les variétés des phénomènes, la naissance, la vie, la mort ne sont que le résultat mécanique de compositions et de décompositions, la manifestation de systèmes d'atomes, qui se réunissent ou se séparent. Le dynanisme, au contraire, ramène tous les phénomènes et tous les êtres à l'idée de *force*. Le monde est l'expression soit de forces opposées et harmonisées entre elles, soit d'une force unique dont la métamorphose perpétuelle fait l'universalité des êtres. » — Si les derniers mots de la seconde partie de cette proposition comportent une idée de panthéisme, on doit reconnaître, dans son ensemble, les principes d'un *dynamisme* précis et formel.

Quant à la proposition de Mr Flammarion, elle fait pressentir l'idée de la personnalité de Dieu qu'il développera ensuite... Et, en effet, dès la page suivante, il s'appuye sur cette proposition d'Œrsted ; « que le « monde est gouverné par une raison éternelle qui nous « manifeste ses effets dans les lois immuables de la « nature »...

Le docteur Büchner a répondu à cela :

— « Personne ne saurait comprendre comment une raison éternelle qui gouverne, s'accorde avec des lois immuables. Ou ce sont les lois de la nature qui gouvernent, ou c'est la raison éternelle; les unes à côté de l'autre entreraient à tout moment en collision. Si la raison éternelle gouvernait, les lois de la nature seraient superflues, si au contraire les lois immuables de la nature gouvernent, elles excluent toute intervention divine. » — Logique rigoureuse, suivant nous.

Mr Flammarion invoque alors « *L'intelligence* de la cause à laquelle ces lois sont dues, et que ces lois sont précisément l'expression immuable de cette intelligence éternelle ; » puis, s'échappant par la tangente, à l'aide d'une discussion sur les miracles, contradictoires aux lois divines, il se donne la satifaction d'avoir, une première fois, retourné ses adversaires contre eux-mêmes.

Une seconde erreur générale qui n'est pas moins funeste que la précédente et trompe également nos contradicteurs, c'est, dit Mr Flammarion, de croire que, pour que Dieu existe, il faut qu'il soit en dehors du monde...—« Dieu ne peut pas être en dehors du « monde, mais il est dans le même lieu que le monde « dont il est le soutien et la vie. Si nous ne craignions « l'accusation de panthéiste, nous ajouterions qu'il est

« *l'âme du monde.* L'univers vit par Dieu comme le corps « obéit à l'âme; en vain les théologiens prétendent-ils que « l'espace ne peut être infini; en vain les matérialistes « s'acharnent-ils après un Dieu en dehors du monde, « nous soutenons que Dieu, infini, est avec le monde, « *en chaque atome de l'univers.* Nous adorons Dieu dans « la nature (*). »

Un peu plus loin (**), pour en finir avec les matérialistes sur cette question de Dieu hors du monde, Mr Flammarion déclare catégoriquement ; « Nous « voyons en Dieu l'essence virtuelle qui soutient le « monde dans chacune de ses parties infiniment petites; « d'où il résulte que le monde en est comme baigné, « imbibé de toutes parts, et que Dieu *est présent* dans « la composition même de chaque corps. »

Plus que jamais on pourrait se croire ici en plein panthéisme... Hélas! cette poétique affirmation tombe dans l'oubli pour l'auteur lui-même : au cours de sa longue exposition, la personnalité de Dieu, comme celle de l'âme humaine se dévoile de pages en pages.

Mr Flammarion, *triomphant* sur les deux premiers points, en aborde un troisième; il reproche aux matérialistes d'affirmer sans preuves... Sans doute l'accusation

(*) Page 21.
(**) Page 23.

n'est pas dépourvue de fondement : mais, nous aimerions voir où sont les démonstrations du spiritualisme de Mr Flammarion... Ne lui arrive-t-il pas, trop souvent, de donner au lecteur des dithyrambes pour des arguments?

Proposition matérialiste, de MOLESCHOTT : — « La force « n'est pas un Dieu, donnant l'impulsion, elle n'est pas « un être, séparé de la substance matérielle des choses. « C'est la propriété inséparable de la matière, qui lui « est inhérente de toute éternité. Une force qui ne serait « pas attachée à la matière serait une idée absurde. « L'azote, le carbone, l'hydrogène et l'oxygène, le « soufre et le phosphore ont des propriétés qui leur sont « inhérentes de toute éternité... Donc, la matière gou- « verne l'homme. »

Mr Flammarion ne voit là que des affirmations ou des négations purement arbitraires, de simples pétitions de principe faciles à démasquer, et il n'y répond que par l'ironie ou l'interpellation.

Pour nous, sauf la conclusion, nous admettons cette proposition dans son texte. Notre réserve se fonde sur les considérations suivantes : *Moleschott* n'a en vue que les forces physico-chimiques propres à la matière... Nous avons établi que ces forces ne suffisent pas à expliquer le dynanisme universel; qu'il faut admettre, en plus, une force virtuelle, impénétrable dans son essence, et qui régit la matière par des lois intrinsèques. C'est pourquoi, nous concluons *contre* Moleschott : Donc, la la force gouverne *la matière*, et, par conséquent, *l'homme*.

Par une anticipation qui démontre que les deux formules, pages 21 et 23, n'étaient pas sérieuses, Mr Flammarion, dès la page 27, affirme la personnalité de l'âme... Si l'âme humaine a sa personnalité, Dieu, *l'âme du monde*, a donc aussi la sienne?... Représenter l'univers comme imprégné de la force primordiale, Dieu, et annoncer ensuite une âme personnelle à chaque partie de l'humanité, c'est tomber dans l'inconséquence, et rompre, dès le début, l'unité de sa doctrine.

Après avoir, dans le 1er chapitre du livre 1er, posé les bases du problème, *force et matière*, en ce qui concerne Dieu et l'univers, Mr Flammarion y revient, au point de vue du *Ciel* et de la *Terre*, deux chapitres distincts.

Nous n'avons pu comprendre les motifs de cette division. L'auteur invoque la clarté du sujet, au risque de compromettre, encore une fois, l'unité qu'il avait annoncée... « En valeur absolue, dit-il, le Ciel est tout, la « Terre n'est rien. La terre est un atome imperceptible « perdu au sein de l'infini... Accoler ces deux expres- « sions, le Ciel et la Terre, c'est dire : les Alpes et un « petit caillou... Pour nous, habitants de la Terre, cet

« astre est quelque chose, de même que pour la, petite « chenille qui éclôt sur un brin d'herbe, ce brin d'herbe « est quelque chose, malgré son insignifiance dans la « prairie entière. »

Toute cette poésie n'empêche pas qu'à nos yeux le moindre grain de poussière, le végétal le plus humble, l'insecte microscopique soyent soumis à la force qui régit les astres. Nous supposerions volontiers que la crainte de passer pour panthéiste a surtout influencé Mr Flammarion.

L'intervention *du Nombre,* complication de l'idée première, s'ajoute aussi à la doctrine de *Dieu dans la nature;* et, l'on se demande à quel titre le pythagoricisme figure ici?....

La force qui régit le Ciel est nécessairement la même que celle qui régit notre monde terrestre : Mr Flammarion n'y contredit pas. Mais, on constate une différence singulière entre les qualificatifs qu'il applique à la première de ces forces et à la simplicité des formules de la seconde. Là-haut, c'est *l'intelligence* ou *la sagesse* qui gouverne; ici-bas, la matière est soumise aux seules lois de la force.

Comme nous l'avons fait dans le cours de ce chapitre, nous résumerons, en les analysant, les propositions de l'auteur en ce qui concerne le Ciel et la Terre.

LE CIEL

A la suite d'une splendide synthèse des phénomènes célestes, Mr Flammarion conclut : « quel est celui qui « osera nier que *la force* ne régisse pas la matière, « qu'elle ne la gouverne pas souverainement, qu'elle ne « la dirige pas suivant la loi *inhérente* ou affectée à la « force elle-même »...

Certes, la proposition est nette, et nous l'acceptons dans tout son esprit. Mais, l'auteur ajoute un peu plus loin : « Ces lois sont démontrées universelles ; elles pro- « clament l'unité des mondes et montrent que c'est la « même *pensée* qui règle les marées de notre océan et « les révolutions sidérales des étoiles doubles au fond « des cieux «... Le mot *pensée* prépare la personnification dans laquelle nous allons tomber.

« Les astronomes qui remontent humblement au prin- « cipe inconnu des causes ne peuvent se refuser de « remettre entre *les mains* d'*un être* intelligent cette at- « traction universelle par laquelle le monde entier est « intelligemment régi. (*) ».... Incontestablement, la personnalité de Dieu est affichée dans ces lignes.

Chose singulière, c'est que, le feuillet tourné, arrive le paragraphe suivant, où nous trouvons l'affirmation la

(*) Page 46.

plus précise du dynanisme universel. « Depuis NEWTON « et KÉPLER, nous savons que l'univers est un *dynanisme* « *immense* dont tous les éléments ne cessent d'agir et de « réagir dans l'infinité du temps et de l'espace, avec une « activité indescriptible. C'est la grande vérité que l'as- « tronomie, la physique, et la chimie nous révèlent « dans les éclatantes merveille de la création. »

Le matérialiste Büchner est ensuite pris à partie pour avoir avancé cette proposition : que « l'hypothèse d'une « force créatrice personnelle n'est pas admissible. » .... Pourquoi? demande Mr Flammarion; c'est ce qu'on n'a jamais pu savoir.— Büchner pourrait répliquer : Pourquoi l'affirmez-vous ?

BUCHNER opposant à l'ordre et à l'harmonie des mouvements célestes « l'irrégularité, les accidents, le dé- « sordre, qui lui font exclure l'hypothèse d'une action « personnelle et régie par les lois de l'intelligence, même « humaine; Mr Flammarion invoque Copernic, Galilée, Képler et Newton, et demande : « Si les lois sublimes « que des génies aussi puissants parvinrent à peine à « trouver et à formuler, ne révèlent pas dans la cause « qui les a imposées à la matière une intelligence au « moins égale à l'intelligence humaine!...»

Il cite alors Mr Renan qui a écrit cette phrase : « Pour « moi, je pense qu'il n'est pas dans l'univers d'intelli- « gence supérieure à celle de l'homme. »

—« Et l'on ose, s'écrie Mr Flammarion, chercher re- « fuge dans des accidents qui n'en sont pas, pour « déclarer qu'il n'y a pas d'harmonie intelligente dans « la construction du monde! ».... — Rappelons qu'à la page 43 de son livre, Mr Flammarion, s'abandonnant à toute sa poésie, nous a présenté : « La « Terre où nous sommes, et les autres républiques « flottantes, s'enveloppant parfois dans le duvet de leur « atmosphère comme d'un manteau protecteur, ou s'en- « vironnant *aux jours de colère* des foudres retentissantes « et des tempêtes. »...

Pour nous, cette discussion se résume en ceci : dans *tous* les phénomènes de la nature, la matière est régie par une force principe qui a ses lois intrinsèques et qui est indépendante de toute personnalité....

Le chapitre, concernant le ciel, se termine par les transports d'un sentiment profond pour les magnificences du firmament, et aussi par des objurgations contre la race des raisonneurs qui viennent déclarer que Dieu n'existe pas... Dans ces exclamations, la main et le regard du Très-haut ont leur rôle !...

LA TERRE.

« Les démonstrations en faveur de *la dignité* de la « force que nous tirons du spectacle de l'univers sidé- « ral et de l'intelligence de la mécanique céleste, peu- « vent au même titre être puisées dans l'examen des « corps terrestres. Là, c'était l'hymne de l'infiniment « grand; ici, c'est la causerie de l'infiniment petit. La « force régit les mouvements des atomes aussi bien « que les orbites immenses des sphères éthérées. Elle « change d'objet, elle change de nom dans les classifi- « cations humaines; mais c'est la même force, c'est « l'attraction universelle : on la nomme cohésion lors- « qu'elle groupe les atomes constitutifs des molécules, « et gravitation lorsqu'elle fait rouler les astres autour « de leur centre commun de gravité. Mais le nom hu- « main ne différencie pas le fait physique »

Cette exposition résume l'esprit du 3e chapitre. En nous reportant à la proposition extraite de la page 46, de *Dieu dans la nature,* nous y voyons que les astronomes ne peuvent se refuser de remettre *entre les mains d'un être intelligent* cette attraction universelle par laquelle le monde entier est intelligemment régi.

C'est donc à l'attraction universelle, s'exerçant sur l'infiniment grand, que s'applique le qualificatif : *être intelligent* qui régit par *ses mains.*— Pour la terre, pour l'infiniment petit, l'attraction n'a plus d'être intelligent qui la dirige; elle va de son chef.

Ne résulte-t-il pas de cette interprétation, que, si pour le ciel, la personnification de Dieu est évidente, elle est complètement écartée pour la Terre.

Ce contraste entre les formules des deux chapitres est saisissant. Pour les merveilles du Ciel, c'est du spiritualisme pur ; pour les beautés terrestres, c'est un mélange de dynamisme et de *spiritualisme scientifique.*

LIVRE II

LA VIE

Les livres qui suivent, dans l'ouvrage de Mr Flammarion, ont pour titres principaux : *la Vie, l'Ame, Destination des êtres et des choses — Dieu :....* Sujets rentrant pour nous dans la même loi. En faire l'analyse complète dépasserait notre but ; nos simples causeries ne devant toucher qu'aux questions principes. Sous ce rapport, la conception de Mr Flammarion, savante et riche dans ses détails, nous parait encore en défaut.

LA VIE — FORCE VITALE

La vie est la résultante de l'action des différents appareils d'un organisme; elle est un fait, une conséquence, une synthèse, et non une cause. Admettre une force vitale est une superfétation qui contredit de plus en plus à l'unité de force. La force vitale ne peut être qu'une usurpation sur la force primordiale à la quelle les forces secondaires sont subordonnées; celles-ci peuvent, par des actions et réactions physico-chimiques, créer des composés organiques inertes; elles ne peuvent, à elles seules, leur donner la vie.

Pour nous, la force primordiale est inhérente à tous les éléments organiques ou inorganiques de la nature. Qu'on l'appelle Dieu, Ame, Esprit, Principe vital, peu importe..... Qu'elle opère virtuellement d'après des lois immuables, dans tous les phénomènes d'action et de réaction de ce monde, nous semble incontestable. Que ce soit cette force qui entretient la vie, MM. les matérialistes y contrediront vainement. En elle se confondent les forces physico-chimiques et le principe vital pour lequel Mr Flammarion établit une argumentation qui ne s'accorde plus avec l'unité de force, base de sa doctrine.

La proposition suivante du docteur Cerise vient appuyer notre manière de voir : — « Les phénomènes vitaux sont complexes, et les forces physiques, tout en y prenant une part difficile à mesurer, mais incontestable, sont soumis à l'empire d'une force supérieure qui les régit, en les faisant servir à ses fins. » —

Mr Laugel a dit aussi : — « Il est digne d'une philosophie élevée de considérer toutes les forces particulières, dont les efforts sont analysés par les sciences diverses, comme issues d'une force première, éternelle, nécessaire, source de tout mouvement, centre de toute action. En se plaçant à ce point de vue, les phénomènes, les êtres eux-mêmes ne sont plus que des formes changeantes d'une idée divine. » —

Enfin, c'est Mr Flammarion lui-même qui nous fournit un argument à la fin du chapitre sur la vie :

« L'intelligence divine nous apparaît comme la conscience d'une *loi unique* et simple embrassant tout l'univers, et dont les applications indéfinies engendrent une multitude de phénomènes qui se groupent par analogie et sont régis par les mêmes lois secondaires, découlant de *la loi primordiale* (*). » —

Supprimez la personnification de l'*intelligence* divine qui n'est autre chose que la force primordiale, et cette

(*) Page 157.

proposition sera la nôtre. Où est donc, la nécessité de faire intervenir une force vitale puisque *la loi* et les forces secondaires suffisent à tout expliquer ?

LA VIE — ORIGINE DES ÊTRES

GÉNÉRATIONS SPONTANÉES

L'homme n'est pas seulement un animal métaphysicien : il est aussi un animal raisonneur, autant, au moins, que raisonnable. Plus de vingt siècles l'ont prouvé ; et, aujourd'hui, il est loin de renoncer au privilège qu'il tient de la nature.

Que n'a-t-on pas dit et écrit sur la question des générations spontanées, et sur le principe de la création ? Certes, la longue dissertation de Mr Flammarion sur ce grand sujet, est des plus étudiées dans sa brillante exposition : la science et l'imagination y ont chacune leur part, et la logique simple n'y fait pas défaut...

C'est, pour entrer en matière, la doctrine de Lucrèce qui, à l'instar de l'antique Egypte, fait sortir une bande de volatiles d'une bulle de terre glaise qui crève. C'est Virgile exposant les croyances de son temps : que les abeilles naissaient de la chair en putréfaction. C'est, avant eux, Aristote, le grand naturaliste, qui fait provenir la chenille d'une goutte de rosée.... D'autres racontars ne manquent pas chez les anciens et les modernes : des fabriques de scorpions, et aussi d'anguilles, chez les bonnes femmes de la Champagne, et d'ailleurs; etc., etc.

Vient ensuite la fameuse discussion sur l'œuf et la poule, à laquelle, au dire de Plutarque, le grand Alexandre, lui-même, s'intéressa, et où le sophiste Sénécion eut tout l'avantage.—Lequel, de la Poule ou de l'Œuf, a été formé le premier?... *Argumentation :* Il est naturel que ce qui est parfait, soit antérieur à ce qui ne l'est pas; l'entier à ce qui est défectueux, et le tout à la partie... Après bien des syllogismes contradictoires, Sénécion triompha.... La Poule fut créée d'emblée!.... Oh! le *parfait* et l'*imparfait*, quelle mine riche pour la rhétorique de l'avenir... *Nil sub sole novum*...

Au 17e siècle, des expériences sérieuses furent tentées par des naturalistes, physiciens ou médecins, entre autres par Redi, de l'académie de Florence. Elles furent contradictoires à l'idée des générations spontanées. Il en fut de même des recherches de Vallisnieri et des observations microscopiques de Leuwenhœck.

— « De nos jours, dit Mr Flammarion, la même question vient d'être passionnément traitée par divers observateurs expérimentés, à la tête desquels nous citerons MM. Pouchet et Pasteur : le premier pour, le second contre. Elle est actuellement de nouveau suspendue pour une raison qui paraîtra sans doute enfantine à nos descendants ; c'est que les deux camps ne parviennent pas à s'entendre, attendu qu'ils se reprochent avec une égale légitimité l'un et l'autre de combattre désormais dans le vide. » —

— « Ce qui nous a frappé le plus vivement dans cette lutte, c'est de remarquer un parti pris dans les deux camps, surtout dans l'un. On voulait absolument voir là une question de théologie naturelle, tandis que cette théologie n'est *pas même intéressée* au résultat des expériences. Voilà une déclaration qui surprendra sans doute quelques lecteurs. Cependant en allant au fond du sujet, on peut se rendre compte que le reproche d'athéisme jeté à la face de ceux qui soutiennent la génération spontanée, n'est pas mérité par ceux qui, à l'exemple de Mr Pouchet, n'interprètent pas théologiquement ces expériences ; et que ceux qui les interprètent théologiquement sont dans l'erreur la plus vaine lorsqu'ils en concluent contre l'existence de Dieu. » —

Le fait se produisit contre Mr Pouchet, accusé d'athéisme en pleine Sorbonne, par Mr Pasteur. D'après une note en renvoi de Mr Flammarion, voici qu'elle fut la réponse de Mr Pouchet à cette accusation : « Revêtir le « masque de la religion pour triompher de ses adver- « saires est un fait inouï dans la chaire scientifique ; leur « prêter des opinions qu'ils n'ont pas est indigne. »

Il résulte de l'exposé de Mr Flammarion que l'auteur de la doctrine de l'élection et de la sélection, DARWIN, tergiverse sur la question des générations spontanées... N'en soyons pas étonné.... Le sens diplomatique, qui n'est autre que l'esprit de dissimulation, est particulier aux Anglais. Les philosophes de cette nation ont rarement osé affirmer une conviction capable de froisser leur dévote aristocratie ; ils durent se retrancher dans la maxime machiavélique : *intùs ut libet ; foris ut moris est.* Hume fut asservi à cette règle ; et, chez nous-mêmes, Descartes, sous le règne de l'intolérance, en subit le joug.

Depuis des siècles, la question des générations spontanées n'avait été étudiée que sur le terrain de l'observation empirique. Le moment arriva où la théorie de la descendance de notre LAMARK, accaparée par DARWIN, en devint le pivot solide Ici, il ne s'agit plus d'expériences contradictoires ; l'évolution de la nature, dans ses actes de création, constitue le principe absolu de la question.

Il était réservé à E. Hœckel, *l'Aristote moderne*, de mettre au grand jour cette doctrine. Dans son Anthropogénie, ou *histoire de l'évolution humaine*, il parcourt les différents stades de la descendance, des mammifères aux vertébrés, etc., pour arriver au stade unicellulaire, point de départ de l'évolution ascendante. Nous ne pouvons mieux faire que d'extraire de son Livre l'exposé de sa conception établie sur des données positives.

— « Le stade unicellulaire, par lequel chaque homme commence sa vie individuelle, nous autorise à dire que les plus antiques ancêtres de l'humanité et du règne animal ont été de simple cellules amiboïdes.

— « Sans doute on ne manquera pas de nous demander: aux débuts du monde organique, au commencement de la période laurentienne, d'où sont provenues les antiques amibes? une seule réponse est possible. Comme tous les organismes unicellulaires, les amibes n'ont pu descendre que des plus simples organismes connus, des monères. Ces monères sont, les plus simples organismes imaginables. En effet le corps des monères n'a pas de forme déterminée : ce n'est qu'une particule de protoplasme, un glomérule de cette substance albuminoïde vivante, déjà douée de toutes les fonctions essentielles à la vie et qui est la base matérielle de tout ce qui vit. Nous voici donc parvenus au dernier ou, si l'on préfère, au premier problème de l'évolution, au problème de l'origine des monères. Mais c'est là une question primordiale, celle de l'origine de la vie, de la génération spontanée.» —

— « Comment les corps vivants sont-ils apparus tout d'abord sur notre planète, jusqu'alors purement minérale? Ils ont dû se former chimiquement aux dépens des composés anorganiques; ainsi a dû apparaître cette substance complexe, contenant à la fois de l'azote et du carbone, que nous avons appelé protoplasme et qui est le siège matériel constant de toutes les activités vitales. Au fond de la mer, à d'énormes profondeurs, vit encore, de nos jours, un protoplasme homogène et informe, aussi simple que possible: c'est le bathybius. Nous appelons monères chacune de ces particules amorphes et vivantes. Les monères primitives sont nées par génération spontanée dans la mer, comme les cristaux salins naissent dans les eaux mères. C'est là une hypothèse exigée par le besoin de causalité inhérent à la raison humaine. — « C'est seulement pour les monères, pour les organismes sans structure et sans organes, qu'il nous faut admettre l'hypothèse d'une génération spontanée. Tout organisme différencié, tout organisme composé d'organes doit provenir, par différenciation de ses parties, et phylogénétiquement, d'un organisme inférieur, indifférent. Aussi nous n'admettons nullement la génération spontanée pour la plus simple cellule. En effet, si simple soit-elle toute cellule se compose au moins de deux parties distinctes : d'un noyau interne, solide, (nucleus), et d'une membrane externe, molle, protoplasmique. Or, ces deux parties ne peuvent provenir que, du plasma indifférent d'une monère ou d'une cytode. C'est précisément parce que les monères aplanissent les difficultés offertes en principe par la génération spontanée, que leur histoire est d'un tel intérêt. Grâce aux monères actuelles nous pouvons aujourd'hui voir encore des organismes sans structure et sans organes, tels qu'il en existait à l'origine de la vie organique sur la terre. » —

On le voit, Hœckel est des plus catégorique dans sa doctrine matérialiste. Cette doctrine, très sérieuse, parce qu'elle s'appuie exclusivement sur l'observation scientifique, peut être acceptée avec les réserves posées par Mr Flammarion ; mais nous ne pouvons nous rendre, comme ce dernier, à l'idée d'une force créatrice *personnelle*.

LIVRE III

L'AME PERSONNELLE

Plus on avance dans l'œuvre de Mr Flammarion plus on a à s'étonner des tergiversations de son esprit, plus il s'éloigne de la déclaration, *page 23*, plus il dévie de son point de départ et de la ligne droite qu'il semblait devoir suivre.

En admettant, pour la force primordiale, la qualification d'*âme du monde,* dont il imprégnait l'univers dans ses parties les plus intimes, n'annonçait-il pas que, dans la nature, chaque individu, chaque particule de la matière devait sa force au 1er principe, à Dieu? Pouvait-on s'attendre, dès lors, en arrivant au 3e livre de *Dieu dans la nature* à voir installer et affirmer la personnalité de l'âme, représentée par l'*Esprit force pensante?*

Nous ne pouvons suivre l'auteur dans le développement de ce sujet, très étudié, au double point de vue scientifique et psychologique. L'analyse en serait très-longue, et l'intérêt pourrait y faire défaut. Les propositions des matérialistes y sont nombreuses et combattues souvent par des arguments sérieux; mais souvent aussi par des subtilités et des affirmations sans portée.

Nous ne relèverons dans le long travail de Mr Flammarion que les points principaux relatifs à l'unité de l'âme, à son identité permanente, et à sa personnalité individuelle.

Pour Mr Flammarion, l'unité de notre *force pensante* ne peut se trouver dans le cerveau; et il cite à l'appui un fait reconnu par la physiologie, à savoir: « que le cerveau, comme le corps organisé tout entier, n'est « qu'une succession, qu'une mutabilité perpétuelle de « molécules. »

De ce que la Physiologie établit et démontre que, dans *tous* les organismes, à *tous* les degrés de l'échelle animale, les mouvements d'assimilation et de désassimilation sont permanents, et que les molécules de composition changent sans cesse, Mr Flammarion conclut à l'identité de l'âme. « Si, dit-il, le cerveau est modifié, « a tout instant, dans sa composition, les facultés intel- « lectuelles devraient varier incessamment : puisque ce « fait n'a pas lieu, c'est à l'identité permanente de l'âme « que cela est dû. » — voilà donc l'âme des bêtes aussi bien consacrée que celle de l'homme!

L'assertion de Mr Flammarion est plus subtile que sérieuse. En admettant que les molécules soyent aussi changeantes, il faut également reçonnaître qu'elles sont remplacées par des molécules analogues, car à quelques variations près, les éléments nutritifs sont toujours les mêmes. N'est-il pas constant, d'ailleurs, que certaines substances réveillent ou engourdissent le cerveau; si les idées viennent de l'âme est-ce sur elle que le café, l'alcool, les narcotiques, etc., produisent leurs effets? Est-ce l'âme qui représente l'ivrognerie ou se laisse endormir par le chloroforme, etc., etc.? L'identité permanente de l'âme prêterait à la plaisanterie : nous pourrions demander s'il n'y a pas des esprits versatiles dont les déductions étonnent par leur incohérence? N'en voit-on pas glisser, avec une entière bonne foi, de la science positive à l'ontologie rafinée? Ah! leur âme personnelle doit souvent rire d'elle même!

Quand Mr Flammarion affirme la personnalité de l'âme nous sommes obligé de demander, encore une fois, ce que devient l'unité principe, ce Dieu dont le monde est imbibé dans ses parties les plus intimes? L'âme de l'univers n'est elle pas en chacun de nous? Si toutes les âmes sont semblables d'où proviennent donc les diversités infinies que l'on observe dans l'espèce humaine quant aux facultés de l'esprit et au sentiment? Comment expliquer l'axiome — tot capita tot sensus — si ce n'est par *la personnalité même du cerveau* ?...

A nos yeux, la personnalité de l'âme est une thèse surannée que l'on s'étonne de voir soutenir par des esprits au courant de la science positive. Connaître l'anatomie et la physiologie du cerveau au point où les a amenées la science moderne : ne pas ignorer les faits de l'observation pathologique, ni les expériences directes pratiquées sur la substance cérébrale; et préférer à ces données positives les ténèbres de l'ontologie, du mythe.. En vérité, il y a du parti pris et une sorte de système calculé contre le sens commun.

On cite *Cabanis;* on semble se rapprocher de lui et l'on termine par cette remarque : — « Selon les physio« logistes les moins spiritualistes, le cerveau est un « système dont la fonction est de produire et d'élaborer « la pensée, qui en est littéralement la résultante. Ils « s'arrêtent là, sans s'apercevoir que pour tout expliquer « il ne leur reste plus qu'*un mot* à ajouter. » Ce mot « est le *sujet pensant* que la conscience *révèle* au fond « de notre activité intime. » — Est-ce là un argument, une raison? Pourquoi ne pas invoquer *la Foi* quand on invoque *la révélation* ?

Pour nous, le mot à ajouter est simple; il est de principe; et, nous le répéterons à satiété ce mot qui nous met en désaccord avec les matérialistes et qui aurait pu nous rallier au *spiritualisme scientifique* de Mr Flammarion : c'est que, pour le cerveau, comme pour tous les autres appareils organiques, il y a, en outre des forces physico-chimiques, *l'âme du monde,* c'est-à-dire la force virtuelle qui régit les forces secondaires. L'âme *personnelle* ne peut donc représenter qu'une superfétation.

Invoquer Voltaire, dans une question si délicate, est sans doute passé de mode. Sans vouloir mettre en jeu la finesse malicieuse de son esprit, il nous a semblé piquant de reproduire la citation suivante que nous fournit Mr Flammarion lui-même :

« Il faut que je l'avoue, lorsque j'ai examiné l'infail-
« lible Aristote, le docteur évangélique, le divin Platon,
« j'ai pris toutes ces épithètes pour des sobriquets. Je
« n'ai vu dans tous les philosophes qui ont parlé de
« l'âme humaine que des aveugles pleins de témérité et
« de babil, qui s'efforcent de persuader qu'ils ont une
« vue d'aigle, et d'autres curieux et fous qui les croyent
« sur leur parole, et qui s'imaginent aussi de voir
« quelque chose. »

Chaque doctrine aura-t-elle sa part dans cette appréciation satirique ?

LIVRE IV

DESTINATION DES ÊTRES

Le quatrième Livre comporte deux Parties.... Dans la 1re Mr Flammarion développe l'idée d'un plan de la nature pour la construction des organes des sens ; c'est la question des causes finales. L'affirmation d'une cause intelligente révélée par les lois organisatrices de la vie y est établie. L'hypothèse d'une *force instinctive universelle*, et celle de la transformation des espèces, y sont aussi controversées dans de longs détails scientifiques.

La 2e Partie continue le développement de ce plan, en ce qui concerne l'instinct et l'intelligence chez les êtres vivants. Après avoir reconnu les difficultés de la question des causes finales, l'auteur arrive au grand problème de *la destination générale du monde*, et conclut à l'insuffisance de la raison humaine... Nous sommes de son avis!

Il nous serait difficile de suivre Mr Flammarion dans tous les moyens scientifiques qu'il déploye, à l'appui de sa, doctrine. Dans ces questions de haute philosophie ses principes sont les mêmes qu'aux Livres précédents, et, pour ne pas tomber dans trop de redites, nous nous bornerons à relever ses conclusions de la 1re Partie; elles démontrent, qu'au point de vue principe, il y a encore ici confusion avec le 2e Livre sur la vie.

« Nous ne voulons pas, dit-il, reprendre dans ce « chapitre la question primitive de l'origine de la vie à « la surface du globe, ni de son entretien et de sa pro- « gression sous la puissance des lois providentielles. « Nous avons examiné cette question sous tous ces « aspects dans notre chapitre sur *l'origine des êtres*, et « nous avons tiré la conclusion (*v. p. 233 de Dieu dans « la nature*) *que la vie terrestre est constituée par une « force, unique et centrale pour chacun des êtres, qui dispose « la matière suivant un type dont l'individu doit être l'ex- « pression physique.* »

Cette proposition est, en effet, formulée, p. 233, absolument dans les mêmes termes que ci-dessus, Nous ne voyons donc pas la nécessité de revenir sur la question *vie* ou *force vitale.* nous relèverons seulement, à titre de curiosité, un passage à l'adresse des matérialistes qui nous avait échappé à la première lecture.

« Nous prions nos inconséquents négateurs, pour « l'édification de leur petite vanité, de remarquer que les « Grecs et Aristote même étaient plus avancés qu'eux, « car les racines *force* et *vie* étaient pour eux synonymes, « et le philosophe de Stagyre avait déjà soutenu ce « grand fait *que l'âme est la cause efficiente et le principe*

« *organisateur du corps vivant*.... Ce n'est pas la peine « de faire un si grand étalage de science pour des- « cendre au-dessous des Grecs. »

Si ces deux mots *force* et *vie* sont synonymes, on pourrait, *ad libitum*, remplacer l'un par l'autre, et dire : la vie *gouverne* la matière... à l'heure actuelle, cette interprétation ne peut avoir cours. Le mot *vie* ne représente pas un principe, mais bien un état d'activité de la substance organisée : la vie n'est qu'un phénomène physique. Ce mot ne peut être synonyme de force : Mr Flammarion ne l'accepterait pas comme équivalent au mot Dieu, *force* primordiale...

Pourquoi Mr Flammarion, dans sa position du problème *force* et *matière*, n'a-t-il pas avancé ce principe? Pourquoi a-t-il jugé nécessaire d'accepter comme démontrée l'hypothèse de la force vitale, et celle d'une force *instinctive* universelle ? Où est donc l'unité de sa doctrine spiritualiste? Est-ce comme Lieutenants de la force primordiale qu'il admet ces forces, en leur adjoignant encore celle de *l'âme personnelle* comme *force pensante* ?

Quand Mr Flammarion rappelle le *grand fait* soutenu par le philosophe de Stagyre : que l'âme est la cause efficiente et le principe organisateur du corps vivant, les matérialistes ne seraient-ils pas en droit de répliquer: vous, monsieur, vous faites étalage de connaissances scientifiques qui semblent ne vous avoir rien appris... Vous ne descendez pas au-dessous des Grecs,.. vous restez à leur niveau.

LIVRE V

DIEU

Jusqu'ici, dans les 4 premiers livres de *Dieu dans la nature,* nos appréciations s'exerçaient sur le terrain de l'abstrait et du concret où la physiologie pouvait, de temps en temps, prendre la parole.

Nous voici arrivé aux abstractions les plus profondes, à la métaphysique transcendante. Heureusement pour nous, Mr Flammarion n'est pas un dialecticien à outrance; on peut causer métaphysique avec lui, sans risquer d'aller se perdre dans le labyrinthe de la scolastique.

Les philosophes de l'Inde, dans leur sagesse primitive, considéraient Dieu comme *l'Indéterminé* et ne songeaient guère à trouver pour lui des qualifications; mais, depuis Platon jusqu'à l'époque moderne, combien de spiritualistes se sont donné la jouissance de retourner Dieu sous toutes les faces possibles, comme une enfant fait de sa poupée!

Mr Flammarion qui affirme, dans tant de passage de son Livre, la personnalité de Dieu, déclare cependant : « qu'il est par sa nature même *inconnaissable* et *incompréhensible pour nous.* » (*) S'inspirant de Descartes, il a dit avant, dans le même paragraphe : « qu'il est *la pensée inconnaissable* dont les lois directrices du monde sont une forme d'activité. »... Attribuer une pensée inconnaissable à un être inconnaissable nous paraît très aventuré... Aussi Mr Flammarion ajoute : « Essayer de « définir *cette pensée* et d'expliquer son mode d'action, « prétendre discuter ses qualités ou rechercher ses « caractères, creuser l'abîme de l'infini dans l'espérance « de satisfaire notre avidité de connaître, serait à notre « avis une entreprise non seulement insensée, mais « encore ridicule. »

Mr Flammarion établit donc sa doctrine sur une chose indéfinissable et qui plonge dans l'infini. L'x reste donc à trouver... Et pourtant, Mr Flammarion n'hésite pas à donner à Dieu des qualités, des attributs.

Mr Flammarion avait dit ailleurs : — « La corrélation des forces physiques nous a montré l'unité de Dieu sous toutes les formes passagères du mouvement; par la synthèse, l'esprit s'élève à la notion d'une loi unique, d'une loi et d'une force universelles, qui ne sont autres

(*) Page 519.

que l'action de la pensée divine. Lumière, Chaleur, Electricité, Magnétisme, Attraction, Affinité, Vie végétale, Instinct, Intelligence, prennent leur source en Dieu... sous quelque aspect que l'esprit méditatif observe la nature, il trouve une voie aboutissant à Dieu, force vivante, dont on croit sentir les palpitations sous toutes les formes de l'œuvre universelle, depuis le tressaillement de la sensitive jusqu'au chant cadencé de l'alouette matinale. » (*)

Dieu est donc tout entier dans ces forces : elles le constituent. Tenons nous à la nation d'une loi unique et d'une force universelle... Je me range à ce sentiment.. La *pensée*, présentée comme cause première, est un mot vide de sens comme la *nécessité* de Spinosa, ou la *raison* d'Œrsted, etc.

La pensée, c'est la tendance à la personnification de Dieu que Mr Flammarion promulgue dans plusieurs passages comme celui-ci : « après la puissance, après la « sagesse, après l'esprit, c'est la bonté ineffable qui se « laisse pressentir ; c'est l'universelle tendresse d'un « être toujours mystérieux, faisant succéder à la surface « du monde les formes innombrables d'une vie qui se « perpétue par l'amour et ne s'éteint pas. » (*)

(*) Page 492-493.

(*) Page 492.

Et, ces deux dernières propositions, si opposées l'une à l'autre se trouvent dans la même page !

Nous avons vu que les qualificatifs attribués à Dieu dessinent sa personnalité affirmée d'ailleurs en plusieurs endroits par Mr Flammarion. A l'imitation de *Platon* qui déclare Dieu le grand géomètre du monde, Mr Flammarion n'hésite pas à en faire un architecte, un chef d'orchestre, dans l'occasion. C'est pourtant Mr Flammarion qui a écrit le passage suivant : — « Aujourd'hui encore, comme au temps de Xénophane, il importe de combattre ces tendances de l'homme à tout rapporter à soi et à transporter ses idées imparfaites dans le domaine du Créateur. La science iconoclaste renverse nos puériles images. La science, il est vrai, ne s'occupe pas directement de ces croyances; nul ne doute qu'elle ait d'autres sujets d'étude, moins insaisissables et plus positifs que ceux-là. Mais par ses conquêtes dans le monde physique et par son esprit d'examen, elle modifie necessairement notre manière de voir, et nous ne pouvons plus concilier le caractère de l'esprit scientifique avec ces incarnations d'*idées enfantines et indignes* de l'ABSOLU. C'est en cela précisément que consiste sa tendance générale (*).

C'est aussi Mr Flammarion qui a dit : « l'Être Suprême créé à l'image de l'homme, voit actuellement cette image

(*) Page 508.

s'effacer peu à peu pour laisser à sa place sa réalité sans forme. Car la forme, la définition, le temps, la durée, la nature, le degré de puissance ou d'activité, la description, la connaissance, ne s'appliquent plus à Dieu; on commence seulement à s'en apercevoir. Le nom même cache une idée incomplète, et *il faudrait pouvoir parler de Dieu sans le nommer.* » (*)

Et pourtant Mr Flammarion répudie l'assertion de Luther : « que Dieu est comme un tableau vide sur lequel il n'y a d'autre inscription que celle que nous y mettons nous-mêmes. » (*)

Les variations que l'on rencontre dans les idées de Mr Flammarion sont résumées aux conclusions de son œuvre par Mr Flammarion lui-même.

— « On a pu, dit-il, remarquer dans cet ouvrage l'absence volontaire des dénominations d'école. Les uns nous ont dit ou peuvent nous dire : Vous êtes *dynamiste;* leurs voisins répliquent : vous êtes partisan du *duo-dynamisme.* Ceux-là reconnaissent dans nos tendances l'*animisme* le plus clair; ceux-ci nous donnent l'*organicisme* pour étiquette. Voici maintenant le *vitalisme* qui nous invite à déclarer franchement si nous lui appartenons. La majorité nous accuse d'être *éclectique.*

(*) Page 500.
(*) Page 493.

Nous ne parlons pas des accusations générales de *panthéiste, théiste*, et, à l'opposé, de celle de *matérialiste* et d'*athée* qu'on nous a lancées de divers camps. » —

Mr Flammarion « déclare franchement qu'il n'appartient à personne »... Et nous le croyons bien!

Il est certain qu'il se montre quelquefois *dynamiste;* qu'il a consacré à l'*animisme* et au *vitalisme* plus du tiers de son livre, et qu'il n'a pu discuter ces deux systèmes sans mettre en cause l'*organicisme*.

Son *éclectisme* est notoire; il provient de ses incertitudes.

La formule de la page 23 restera célèbre comme affirmation de *panthéisme*.

Malgré d'autres échappées analogues, l'auteur en repousse l'intention.

Quant au *Théisme*, il veut bien l'admettre avec le qualificatif d'*ontologique* qu'il définit : « l'effort de l'homme « pour connaître l'*Etre absolu* » ... qu'il a déclaré être *inconnaissable*.

Reconnaissons, en finissant : que le spiritualisme de Mr Flammarion est encore de la meilleure espèce. Il combat vigoureusement le spiritualisme théologique auquel il abandonne les subtilités d'une métaphysique aussi vaine que prétentieuse.

Pour nous, sans prétendre à faire de la doctrine, la solution du problème, *force et matière*, correspondant à *Dieu dans la nature*, se résout dans les propositions suivantes :

L'homme, placé en face du monde, constate que tout y est en mouvement, en vie :

Le mouvement ne peut être qu'un effet, un contingent; son nécessaire est la force.

La force a des lois qui sont elles-mêmes une conséquence et n'ont pu se produire de rien.

Quelle est la cause première fondatrice de ces lois? Mr Flammarion dit : la *Pensée;* spinosa, la *Nécessité*... et d'autres métaphysiciens mettent en avant des mots fantaisistes : l'*Intelligence*, *la Raison*, *le Bien*, etc... Pour nous, c'est l'impénétrable, l'x qu'on cherchera vainement.

Arrivée à cette impasse, notre raison ne peut en sortir que par une pétition de principe : c'est que, dans cette appréciation ultime, le *contingent* et le *nécessaire* se confondent... Dieu, c'est la force primordiale et la Loi suprême, *immanente* au monde... Donnez à cette force la qualification de créatrice; dites qu'elle est infinie dans l'espace et dans la durée; que c'est elle qui régit la matière et les forces propres à celle-ci, qu'elle est l'âme du monde et constitue la vie... Nous y adhérons.

Nous ne sommes panthéiste qu'à la condition d'écarter de Dieu toute idée de personnalité, idée qui, dans ce cas, nous paraitrait plus dégradante encore pour la Divinité.

Entre toutes les doctrines, la plus humble et la plus sensée, en ce qui concerne Dieu, celle qui concorde le mieux à nos idées anti-matérialistes et recourt le moins à l'ontologie, c'est la doctrine du *Dynamisme universel*.

SPIRITUALISME ET MATÉRIALISME

APPRÉCIATION DE LA PHILOSOPHIE MONISTIQUE

d'ERNEST HŒCKEL

Notre époque va au matérialime... On se le dissimulerait en vain. Les forces physico-chimiques ont, pour beaucoup d'esprits, la valeur de causes efficientes, et suffisent à expliquer l'action et le mouvement de la matière organique et inorganique dans tout l'univers.

La doctrine du monisme ou de l'évolution, bien loin d'admettre que l'homme ait été créé d'un seul coup et de toutes pièces, a ceci de saisissant qu'elle donne à tous les êtres vivants une monère pour point de départ.

Que cette doctrine soit odieuse à bien des personnes, faut-il s'en étonner?.... L'homme s'était constitué, depuis des siècles, un blason de descendance qui allait bien à son orgueil. Et voilà que la science nouvelle le fait passer, d'après les lois du transformisme, par la série des animaux les plus inférieurs pour arriver de l'embranchement des vertébrés, à la classe des mammifères, et à l'ordre des primates. Quelle chute ! Quel rigorisme dans les archives de la nature !

Pour nous, tous les faits d'évolution, de descendance, de transformisme, exposés par *Hœckel*, sont positifs, incontestables; ils ébranlent dans ses fondements le spiritualisme.

Mais, sur la question du monisme et du dualisme philosophique, Hœckel, en regard du monisme qu'il professe, ne nous parait pas aussi net, aussi démonstratif.

Voici comment, dans les PREUVES DU TRANSFORMISME, il établit la base de cette philosophie et la définit :

« La théorie générale de l'évolution, au sens le plus « large, en tant que conception philosophique de l'uni-« vers, soutient qu'il existe dans la nature entière un « grand processus évolutif, un, continu et éternel, et « que tous les phénomènes de la nature sans exception, « depuis le mouvement des corps célestes et la chute « d'une pierre jusqu'à la croissance des plantes et à la « conscience de l'homme, arrivent en vertu d'une seule « et même loi de causalité; bref, *que tout est réductible à « la mécanique des atomes.* Conception mécanique ou mé-« caniste, unitaire ou moniste du monde, ou, d'un seul « mot, monisme. »

Constatons et répétons, dès ce point de départ, que la mécanique des atomes n'est et ne peut être qu'une hypothèse. Ce principe étant bien établi, nous allons extraire de la 26e leçon de l'*Anthropogénie* le développement de la thèse monistique.

« La philosophie monistique ou mécanique prétend que « partout les phénomènes de la vie humaine sont, comme « ceux du reste de la nature, régis par des lois, fixes et « immuables; que partout il y a entre les phénomènes « un lien étiologique, et que, par suite, tout l'univers, « accessible à nos moyens d'investigation, forme un tout « unitaire, un *monon*. Cette philosophie prétend encore « que tous les phénomènes sont dus à des causes méca- « niques (*causæ efficientes*) et nullement à des causes « visant un but (*causæ finales*). Il ne saurait être question « d'une volonté libre dans le sens habituel du mot. A la « lumière de cette conception monistique du monde, les « phénomènes qui nous semblent les plus libres, les « plus indépendants, les manifestations extérieures de « la volonté humaine, obéissent à des lois fixes, exacte- « ment comme tous les autres phénomènes naturels. En « thèse générale, il nous est donc impossible d'accepter « la distinction ordinairement admise entre la nature et « l'esprit. *Il y a un esprit dans toute la nature* et un « esprit hors de la nature est inconcevable.... Les « adversaires de la théorie évolutive, qui répudient la « philosophie monistique en la flétrissant du nom de

« *matérialisme* » confondent sous ce nom le matérialisme « scientifique et le matérialisme moral, tout à fait con« damnable. Mais, à vrai dire, notre monisme a autant « de droit au nom de spiritualisme qu'à celui de ma« térialisme. La philosophie matérialiste proprement « dite prétend que les mouvements vitaux sont, comme « tous les autres phénomènes de mouvement, des effets « ou des produits de la matière. Au contraire, la phi« losophie spiritualiste affirme que la matière est le « produit de la force motrice et que toutes les formes « matérielles sont dues à des forces libres et indépen« dantes. Dans la conception matérialiste du monde, la « matière est antérieure au mouvement, à la force vive; « *le mouvement a créé la force.* Dans la conception spi« ritualiste au contraire, la force ou le mouvement est « antérieur à la matière qu'elle a suscitée; *la force a* « *créé la matière.* Ces deux manières de voir sont dua« listiques, et, pour nous, également fausses. Bien « différente est la philosophie monistique, qui n'admet « ni force sans matière, ni matière sans force. Que « l'on examine la question, en se mettant au point de « vue strict de l'histoire, et l'on verra, après examen, « que l'on ne peut concevoir clairement ni l'une ni « l'autre de ces manières de voir. Comme l'a dit Gœthe : « La matière sans l'esprit, l'esprit sans la matière ne « sauraient ni exister, ni agir. » *L'esprit, l'âme,* sont des

« expressions supérieures ou différenciées d'une même « fonction que nous appelons *force,* en nous servant « d'un mot extrêmement général, et la force est une « fonction générale de toute matière. »

Certes, il y a lieu de s'étonner des affirmations et des négations qui se heurtent et se contredisent dans cet exposé de principes. Le texte de Hœckel est précis : il n'admet pas dans la nature, d'autre cause que les causes mécaniques (*causes efficientes*)... Que signifie alors l'intervention de l'*esprit?* Evidemment, il ne peut comporter qu'une idée de force, de cause autre que les causes efficientes. Nous ne pouvons donc voir, dans cette doctrine, que des affirmations de matérialisme, et des velléités de panthéisme.

La formule de Gœthe, adoptée par Hœckel pourrait-être la nôtre; mais nous ne pouvons admettre que les causes efficientes à la matière, qui ne sont à nos yeux que secondaires, se traduisent par les mots, âme, esprit. La force, présentée comme *une fonction* générale de toute matière... C'est du matiéralisme radical.

Peut-on admettre que les mots, *esprit, âme,* représentent l'idée de forces physico-chimiques? Hœckel y voit des expressions supérieures, complexes et différenciées d'une même fonction qu'il appelle force... Pourquoi ne pas se restreindre à ce dernier mot, et confondre l'idée de fonction avec celle de force?.... Serait-ce pour justifier le titre de spiritualisme qu'il réclame pour sa doctrine, avec autant de raison, dit-il, que celui de matérialisme?...

Ces propositions philosophiques d'E. Hœckel nous ont paru d'une subtilité par trop fantaisiste; nous n'y retrouvons plus les formules d'ordinaire si précises de l'auteur de l'*Anthropogénie*, du grand naturaliste d'*Iéna*...

En résumé, notre analyse tend à affirmer, que les causes efficientes à la matière ne suffisent pas à tout expliquer dans les phénomènes de l'évolution : qu'il y a, non pas au-dessus d'elles, mais au moins immanent à elles, un dynamisme spécial, une force que l'on appellera âme, esprit, si l'on veut... mais il faut préciser... Les idées d'E. Hœckel ne nous paraissent pas suffisamment nettes sur ce point... Gœthe dont il invoque les principes n'était-il pas panthéiste?...

SPIRITUALISME DE Mr P. JANET

Dans son livre sur *la crise philosophique*, d'il y a 25 ans, Mr P. Janet, terminant ses appréciations sur la valeur de l'école positiviste, se laisse aller à la boutade dont la teneur suit :

« Il y a des esprits qui n'ont pas le goût de la méta-
« physique; qu'ils s'en abstiennent, rien de mieux : Ils
« seront plus utiles en faisant autre chose; mais que,
« mesurant les destinées de l'esprit humain d'après
« leurs goûts et leurs inclinations, ils veuillent suppri-
« mer toute recherche dont ils ne sont point eux-mêmes
« curieux, c'est là une vue si aveugle et si étroite, qu'on
« ne peut trop en admirer la naïveté et l'impuissance.»

Sans doute, tous les goûts sont dans la nature;... Il en est qu'il faut savoir respecter !

Comment donc Mr P. Janet a-t-il pu formuler un jugement si sévère contre ceux qui ne peuvent comprendre, à sa façon, le fin du fin de la métaphysique?

Au lieu de les plaindre, Mr Janet les renvoye à des passe-temps plus utiles.... Puisque, semble-t-il leur dire, vous êtes trop obtus pour aborder les régions éthérées de l'esprit, renoncez à votre ambition, et cherchez à vous rendre utiles à la Société.

C'est dure; et la pitié n'inspire pas toujours Mr P. Janet.

Et pourtant, ces pauvres diables, si mal menés, n'auraient-ils pas le droit de répondre, avec toute la révérence possible : mais, Monsieur, depuis bien des siècles, les philosophes les plus éminents, les maîtres reconnus de la philosophie, *Platon, Aristote, Plotin, Descartes*, etc., se sont posé l'énigme de la nature et de l'essence de Dieu; ils ont retourné, se contredisant les uns les autres, tous les points du problème, pour aboutir à ceci, aux temps où nous sommes, que vous discutez avec Mr Vacherot : si Dieu est *parfait* ou *imparfait*...

En vérité, les grands services que votre Théodicée rend à la société ne sont rien moins que démontrés.

— « Mr Vacherot dites vous, est avant tout un métaphysicien, et c'est par là qu'il se distingue de tous les esprits critiques et sceptiques auxquels on est tenté d'associer son nom. Parmi ceux-ci, les uns nient entièrement la méthaphysique, les autres s'en font une de fantaisie, qu'ils mêlent en passant à toute autre chose. » —

— « Pour lui, il vit, il respire, il plane avec une joie sereine et candide, avec une liberté et une souplesse singulières, au sein des idées métaphysiques. Ce sont pour lui, comme dirait Malebranche, des *viandes solides ou savoureuses*, aux prix desquelles les viandes réelles ne sont que de pures apparences. Il peut dire encore, comme Jouffroy lorsqu'on le forçait de quitter ses contemplations intérieures pour les nécessités quotidiennes de la vie, « qu'il abandonne le monde des réalités pour entrer dans celui des ombres et des fantômes. » —

Heureux les esprits doués de cette seconde vue que Mr Janet possède si bien !

Est-ce cette faculté maîtresse qui a inspiré à Mr Vacherot la logique suivante, traduite par Mr P. Janet?

—« La dialectique de Platon, qui ramenait chaque classe d'êtres à un type obsolu, et qui admettait l'homme en soi, l'animal en soi, le feu en soi, modèles éternels et parfaits des réalités imparfaites, a été convaincue par Aristote de prendre des abstractions pour des réalités. Qui a jamais compris l'existence d'un animal en général qui ne serait pas un certain animal en particulier? Et s'il est un tel animal, comment pourrait-il être parfait? Tout individu peut toujours être supposé plus parfait qu'il n'est. Les *types* et les *idées* de Platon sont donc de pures illusions, si toutes fois on veut les réaliser quelque part en dehors de la pensée : ils ne sont vrais que comme lois de la pensée et de l'esprit. Eh bien, ce qui est vrai de chacun de ces types en particulier, de chacune de ces idées, doit l'être également du type des types, de l'idée des idées, en un mot du dernier type et de la dernière idée, terme de la méthode dialectique. De même que l'archétype de l'homme n'est qu'une abstraction, de même l'archétype de l'être n'est qu'une abstraction. Si l'on entend par là l'être en général, il ne peut pas exister plus que l'homme en général, l'animal en général. S'agit-il au contraire d'un individu, ce n'est plus alors l'être infini et absolu : c'est un certain être, c'est-à-dire quelque chose de limité et par conséquent d'imparfait. Le parfait absolu implique donc contradiction. »—

Et voilà pourquoi, d'après Mr Vacherot... Dieu ne peut être parfait!!!

En présence des prétentions de l'école positiviste et du dédain qu'elle exprime pour les idées métaphysiques, Mr P. Janet, toujours optimiste pour ces idées, émet, sans hésiter, l'assertion suivante :

— « Rien de plus facile que d'éliminer une science, lorsqu'on supprime purement et simplement les problèmes qu'elle soulève, que l'on tient pour non avenus tous les faits qu'elle a établis et les vérités qu'elle a démontrées. »—

Vraiment, c'est poser des mots avec aplomb, et il est permis de demander : où sont ces *vérités démontrées?*... Est-ce en métaphysique, en psychologie, en Théodicée? Sans doute, on a retourné bien des rêveries, façonné bien des syllogismes depuis plus de 2000 ans; on a créé des entités et de grands métaphysiciens ont trouvé leurs délices dans l'ontologie! Mais, où sont les axiomes irréfutables sur lesquels s'appuie sérieusement *la science* philosophique?... On a inventé des subtilités qui se détruisent les unes par les autres, et l'on se complait dans ce cercle vicieux!...

Donnons un exemple de la dialectique de Mr P. Janet, discutant à son tour, contre Mr Vacherot : si l'existence du *parfait*, en ce qui concerne Dieu, n'est pas, comme l'existence de l'infini, évidente par elle-même?

— « Il faudrait faire une distinction importante : Il faut distinguer, ce nous semble, l'idée d'un être parfait tel qu'il est en soi et l'idée des diverses perfections que nous lui supposons pour le rendre accessible à notre raison et à notre cœur. Il y a là deux degrés d'affirmation qu'il ne faut pas confondre. » —

— « Je dis d'abord que Dieu est un être parfait, quelles que soient d'ailleurs ses perfections; et je dis en suite qu'il possède telle ou telle perfection. Or je suppose que, vu la faiblesse de l'esprit humain, je me trompe en attribuant à Dieu telle ou telle perfection; je suppose qu'entre les diverses perfections que j'imagine, il y en ait d'incompréhensibles ou de contradictoires; je suppose enfin que, pour rendre Dieu plus accessible et plus aimable, je le rapproche trop de ma propre image : s'ensuivrait-il que la notion d'un être parfait devrait succomber avec celle de tel ou tel attribut scolastique? »

—« Je distingue l'essence de Dieu et les attributs de Dieu. L'essence de Dieu est la perfection : ses attributs sont ses diverses perfections, que je me représente comme je puis. On aurait beau établir que je me trompe sur les attributs (en supposant en Dieu de fausses perfections), il ne faudrait pas en conclure que je me trompe sur son essence, à savoir sur la réalité de son absolue perfection. Par exemple, suivant Mr Vacherot, un Dieu en dehors de l'espace et du temps est absolument incompréhensible et implique contradiction; mais je ne sais pas si Dieu est en dehors de l'espace et du temps. Je dis d'abord que Dieu est l'être parfait : voilà le point hors de doute. Je cherche ensuite si, étant parfait, il est en dehors du temps et de l'espace. Lors même que je me tromperais sur le second point, s'ensuivrait-il que je me suis trompé sur le premier? J'en dirais autant de tous les attributs de Dieu. Quand même il n'y en aurait pas un seul qui me fût connu tel qu'il est en lui-même, je pourrais toujours affirmer qu'il y a un être absolument parfait, sauf à m'en rapporter à la foi ou à la vie future pour connaître d'une manière précise et sûre ses perfections. » —

Mr P. Janet ajoute un peu plus loin :

— « Autre chose est un Dieu indéterminé, tel que le Dieu des panthéistes, autre chose un Dieu ineffable, inexprimable, dont j'affirmerais la perfection sans connaître précisément ni pouvoir mesurer les perfections. »—

Certes, nous ne sommes pas de taille à opposer notre infime dialectique à celle de Mr P. Janet. Et c'est une grande ressource pour nous de rencontrer chez des spiritualistes de nos jours des jugements et des affirmations qui viennent à l'appui de notre simple bon sens.

Voici ce que nous lisons dans le livre de Mr C. Flammarion : *Dieu dans la nature.*

— « Si le spiritualisme ne domine pas le monde aujourd'hui, et s'il y a encore, même (ou peut-être surtout) parmi les savants, des athées et des matérialistes de bonne foi, la faute en est aux spiritualistes eux-mêmes, qui se sont généralement livrés à la méthode dialectique, au lieu de saisir en mains la méthode expérimentale. Ils raisonnent encore par les mots, au lieu de raisonner par les faits. Qu'ils soient Allemands, Anglais ou même Français, ils sont souvent obscurs. Le spiritualisme n'a pas été aussi bien servi que le matérialisme. Aujourd'hui encore, ceux qui combattent aux premiers rangs de notre armée jasent comme au temps d'Aristote ou des péripatéticiens. Jeux de mots, discussions de termes, cercles vicieux, pétitions de principes, syllogismes captieux, preuves insuffisantes; ils ont encore ces vieux défauts-là, tandis que nos adversaires s'en sont corrigés. Pourquoi donc les spiritualistes ne seraient-ils pas mécaniciens, mathématiciens, géomètres, astronomes, chimistes, géologues, naturalistes? Pourquoi persistent-ils à jouer sur les mots, et s'enfoncent-ils si souvent dans les profondeurs innacessibles d'une métaphysique obscure? Il y a des ouvrages, d'ailleurs écrits en d'excellentes intentions, destinés à démontrer l'existence de Dieu et de l'âme, et dont la lecture est si fatigante, que le peu de lecteurs qu'ils obtiennent s'arrêtent dès les premières propositions. Ce n'est pas à nous à citer ces auteurs (qui d'ailleurs, sont de nos amis, et combattent à l'aile droite de notre armée), mais nous ne pouvons nous empêcher d'avouer qu'il est très-fâcheux pour notre cause d'être servie par des capitaines dont les armes datent des Grecs et des Carthaginois. »

D'un autre côté, Mr Laugel cité par Mr Flammarion établit : — « que l'inanité, le vide et la stérilité de toutes les philosophies s'y trahissent sous le luxe des images et la confusion verbeuse des raisonnements, dès qu'on les étudie à la lueur de la science moderne. » —

Dans son introduction à la critique des idées philosophiques de MM's *Taine, Renan, Littré, Vacherot*, Mr P. Janet fait au lecteur cet aveu significatif :

— « Le spriritualisme n'est pas en voie de faire des conquêtes, mais il défend ses positions avec vigueur, et par une polémique vigilante, éclairée et perçante, il jette le trouble dans les ouvrages assez fragiles jusqu'ici de de ses advèrsaires. » —

Ailleurs, Mr Janet s'associe aux conclusions franches et libérales de Mr Caro :

— « L'expérience cruelle que la philosophie spiritualiste a faite depuis quelques années, et qui se continue encore à l'heure qu'il est, doit l'avertir de se tenir à l'avenir sur ses gardes, de ne plus s'endormir, comme elle l'a fait, dans la sécurité trompeuse d'une sorte de scolastique renaissante, pendant qu'autour d'elle tout se renouvelait, critique historique, critique religieuse, sciences physiques et naturelles. Reconnaissons de bonne foi ce qui nous manquait. On appelait paix des esprits leur indifférence et leur langueur. On estimait trop aisée la solution des grandes questions; on acceptait sans les contrôler sérieusement des démonstrations vraiment insuffisantes. Enfin on s'isolait de plus en plus du mouvement des sciences physiques, naturelles, historiques, qui touchent par tant de côtés à la science philosophique. » —

Enfin, dans la critique qu'il consacre à la philosophie de Littré, Mr P. Janet fait quelques avances à l'école positiviste, tente un accommodement par des concessions réciproques, si cette école voulait reconnaître pour elle-même la nécessité d'une métaphysique.

— « Il est bien vrai que l'esprit de spéculation est très-rare pami les savants, qu'ils s'en défient au delà de toute mesure, que peut être un peu plus de hardiesse en ce sens serait utile à la science elle-même. Ce qu'on ne saurait constester, c'est que, malgré la répugnance des savants pour les idées générales, malgré les progrès constants de l'analyse et les abus de la division du travail, la force des choses toute seule a poussé la science dans une voie de généralisation et de synthèse vraiment remarquable. Quelques hautes idées se sont dégagées de ce chaos de faits particuliers ou d'applications commodes, et à un moment donné les sciences ont pu croire qu'il était temps d'opposer philosophie à philosophie, et de remplacer les interprétations métaphysiques et psychologiques, dont ont était las, par des interprétations cosmologiques, dont on avait perdu l'habitude et le goût. Tel est le fait considérable auquel nous assistons, et dont il faut que les philosophes comprennent le sens, s'ils ne veulent pas être envahis par ce flot inattendu. » —

Si les conceptions de Mr P. Janet sont d'un spiritualisme absolu, reconnaissons que les principes y reposent sur une conviction profonde; et, pour nous, toute conviction est respectable. Nous estimons, d'ailleurs, que dans les sujets de haute métaphysique qu'il traite, la dialectique de Mr P. Janet est d'une netteté rare en pareille matière, l'auteur n'usant que très-sobrement des moyens captieux de la scolastique. La simplicité élégante, dans laquelle les idées les plus abstraites y sont exposées, donne aussi de l'attrait à ce petit livre, riche d'appréciations sur les philosophes du jour.

IIe PARTIE

IDÉALISME & POSITIVISME

PSYCHOLOGIE

DÉFINITION DE L'AME PAR LITTRÉ

CRITIQUE DE Mr P. JANET

Dans sa critique de l'Ecole positiviste. Mr P. Janet demande une définition de l'âme. — « Si, dit-il, cette école est fidèle à ses principes, si elle veut se dégager de toute hypothèse, elle dira : âme est un mot qui désigne la cause *inconnue* et *hypothétique* des phénomènes de pensée, de sentiment et de volonté. Voilà qu'elle devrait-être la définition positiviste de l'âme, si le positivisme est distinct du matérialisme. » —

Nous ne pouvons comprendre la définition supposée de Mr Janet. Evidemment, l'école positiviste ne peut se retrancher dans l'inconnu et l'hypothèse puisqu'elle prétend au positivisme.

Mr P. Janet reprend : — « Ce n'est pas la définition que nous donnent MM. Littré et Robin dans leur édition du *Dictionnaire* de Nysten. Ils nous disent que l'âme est un mot qui signifie,—«considéré anatomiquement, l'ensemble des fonctions du cerveau et de la mœlle épinière, et, considéré physiologiquement, l'ensemble des fonctions de la sensibilité encéphalique. Que Mr Littré veuille bien nous dire en quoi une telle définition diffère de celle que pourrait proposer le matérialisme le plus déclaré. »—

—« Je ne m'arrêterai pas à prouver combien une telle définition est fausse, même au point de vue scientifique. Dire que l'âme est anatomiquement une fonction ou un ensemble de fonctions est une faute que l'on ne pardonnerait guère à un philosophe, si celui-ci avait eu le malheur de la commettre, car tout le monde sait que l'anatomie ne s'occupe que de la structure des organes et non de leurs fonctions. Je ne demanderai pas non plus comment il se fait que le domaine anatomique de l'âme soit plus étendu que son domaine physiologique, l'un comprenant tout le système nerveux, et l'autre réduit à l'encéphale. Toutefois ces erreurs et ces bizarreries ne sont rien auprès de la contradiction radicale qui existe entre une telle définition et la prétendue méthode de l'école positive. »

—« Si vous ne savez rien de l'essence des choses, pourquoi déclarez-vous que l'âme est une fonction du système nerveux? Qui vous l'a dit? De quel droit invoquez vous une telle hypothèse, qui, après tout, est une hypothèse métaphysique, car personne n'a jamais vu de ses yeux un cerveau penser? »

—« Si au contraire vous êtes assuré que le cerveau pense, pourquoi affecter ce prétendu désintéressement entre le matérialisme et le spiritualisme? Pourquoi ne pas dire tout simplement que ce sont les matérialistes qui ont raison? Pourquoi écarter d'abord par une fin de non-recevoir toutes les solutions pour choisir ensuite celle qui vous convient? Pourquoi se couvrir d'un apparent scepticisme, qui peut séduire les esprits exigeants, pour leur imposer ensuite, comme une conséquence nécessaire, la confusion de l'âme et du système nerveux?»—

Sans doute la définition de Littré est d'un matérialisme complet. Ce n'est pas sans raison, non plus, que Mr P. Janet trouve cette définition fausse au point de vue scientifique. Mais, nous pensons qu'il a pu y avoir lapsus ou confusion de mot; que, par anatomiquement, on a voulu dire l'ensemble de l'appareil cérébral et de la moelle épinière, au lieu de l'ensemble des fonctions

Le second point de la critique de Mr P. Janet, pèche par sa base; il tend à démontrer qu'un philosophe de sa valeur est susceptible de manquer des connaissances physiologiques nécessaires dans cette discussion.

S'il est une donnée bien acquise en physiologie, c'est qu'une partie du système nerveux concourt plus particulièrement aux fonctions de la vie organique, intérieure ou végétative, tandis que l'autre préside aux fonctions de la vie de relation, animale ou intellectuelle.

Le domaine anatomique des fonctions végétatives, nutrition, sécrétion, respiration, circulation sanguine, etc., est plus particulièrement la moelle épinière; celui de l'intelligence, c'est le cerveau. Mais, pour rendre complet le domaine de l'âme et satisfaire au sentiment aussi bien qu'à la sensibilité, il faut y joindre le système nerveux ganglionnaire du grand sympathique et du plexus solaire qui mettent les organes intérieurs de l'abdomen et du thorax en relation avec les centres rachidiens et encéphaliques.

C'est à la vie cérébrale que se rapportent les phénomènes de sensibilité, de pensée, de volonté; ceux de sentiment, de conscience, relèvent surtout du plexus solaire et du système ganglionnaire.

Si la physiologie de l'âme, c'est-à-dire des facultés morales et intellectuelles, est loin encore d'être complète, les principes, au moins, en sont parfaitement établis : tous les jours les expériences physiologiques et les faits pathologiques tendent à les confirmer.

Il est évident qu'en dehors des appréciations anatomiques et physiologiques, Littré, dans sa définition, était loin d'envisager l'essence de l'âme, question qui embarasse beaucoup le spiritualisme lui-même. Littré n'a vu en jeu que l'action des causes physico-chimiques sur la matière. Pour nous, le siège des phénomènes de pensée, de sentiment, de volonté, est bien dans les centres organiques du système nerveux; mais les causes physico-chimiques ne sont à nos yeux que contingentes; elles ne suffisent pas à expliquer ces phénomènes. Il nous faut, comme cause efficiente des fonctions du système nerveux le dynamisme essentiel, le *mens agitat molem.*

Le jour viendra où la psychologie se résumera dans l'axiome : —*Propter solum cerebrum homo est id quod est.*— Toutes les discussions sur les facultés de l'âme feront place à l'étude exclusive des fonctions du cerveau, ou mieux *des centres nerveux*. Il est inadmissible que la phrénologie, d'où partent les indications les plus rationnelles, doive rester à l'état de lettre morte. La vraie science psychologique est là...

LES CASES DU CERVEAU.

Dans l'analyse des facultés intellectuelles ou morales l'interprétation des faits se trouve remise aux conjectures, et c'est là surtout que les hypothèses, plus ou moins légitimes, ont cours.

Pour nous, les subtilités doctrinales de l'Ethique, comme celles de la Psychologie, n'ont qu'une valeur d'autant plus contestable qu'elles varient à l'infini, suivant les conceptions systématiques des différents auteurs. Tout y est remis à l'imagination; les théories se suivent et sont loin de concorder entre elles.

La Psychologie nous semble appelée à rentrer dans les sciences à peu près positives, à abandonner le terrain de la métaphysique. C'est sur des analyses de la perception et du sentiment, se reliant à des états organiques, qu'elle pourra se fonder avec le temps; c'est aussi par les observations individuelles, c'est-à-dire faites sur soi-même, que le *nosce te ipsum,* applicable à l'humanité, pourra trouver des bases solides. Les études idéalistes faites sur un individu par un autre individu, à l'état de vie, ne peuvent avoir qu'une valeur relative en ce qui concerne l'intelligence, les affections, les passions; le plus souvent elles ne concluent à rien; et, à ce titre, les portraits soi-disant psychologiques n'offrent guère qu'un intérêt historique.

C'est par ces considérations et d'après les observations faites sur moi-même que se justifie le titre de cet article. Il n'annonce pas que je viens démontrer l'existences des cases du cerveau : il ne comprend que l'exposition de faits qui me sont personnels et que je donne exempts de toute théorie.

La vieillesse, on le sait, entraîne la perte de la mémoire. Ce fait est constant, en ce qui me concerne : voici l'analyse que j'en ai faite sur moi-même.

La première déchéance, c'est la perte des noms propres : noms de lieux, de personnes. Il y a quelques années qu'elle a commencé pour moi; d'abord gênante, contrariante, aujourd'hui abrutissante au point que je ne puis me rappeler le nom d'individus que je connais depuis plus de 25 ans, et que je rencontre encore souvent dans notre petite localité de 4500 âmes. Quant aux nouveaux venus, il m'est presque impossible de m'assimiler leurs noms.

En Géographie, l'oubli des noms et de la situation des lieux est à peu près complet; il me faut des cartes murales pour suivre une lecture où la géographie est en cause.

Après la perte de mémoire des noms propres arrive celle des noms communs, substantifs, adjectifs, synonymes, et celle de l'orthographe des mots; perte moins prononcée, moins sensible, si la mémoire est entretenue par des lectures journalières. Les mots banals de la conversation conservent encore leur place au logis; mais il n'en reste guère pour les mots recherchés, pour le néologismes.

Il y a de l'analogie dans ce dernier fait avec celu bien constaté que les vieillards se rappellent mieux le choses de leur première enfance et de leur jeunesse qu celles de l'âge mur et déjà avancé.

En ce qui me concerne, je suis souvent étonné d voir réapparaître, dans ma mémoire, des faits de mo enfance complètement oubliés, de percevoir comme nouveau, des mots, des dictons absolument inusités au jourd'hui. Ce sont de vieux amis que je retrouve aprè plus de 60 ans d'absence. Quant aux faits compris dan la seconde moitié de mon existence, ils sont, pour l plupart tombés dans l'oubli, et ne reviennent pas.

Je citerai un sujet d'observation des plus curieux dan ce genre :

Madame M...., morte fort âgée dans notre localité était la sœur d'un personnage qui eut sa célébrité dan les Lettres. Elle avait, sous le Directoire, vécu à Pari au milieu d'une société choisie où elle rencontra souven Legouvé, au sujet duquel elle m'avait cité des vers d circonstance. Raconteuse par goût, elle revenait volontiers aux souvenirs de son enfance, de ses espiègleries dans le village où elle était née, et des chansons inspirées par les demoiselles de ce temps là.

Arrivée à l'âge de 87 ans, Madame M..., avait perdu complètement la mémoire des faits écoulés dans la période précédente; elle demandait des nouvelles de personnes à l'enterrement desquelles elle avait assisté 15 ou 20 ans auparavant; sur tous les faits relatifs à ce passé, elle divaguait complètement. Je me plaisais à la reporter au temps de sa jeunesse; aussitôt elle devenait lucide, fredonnait les refrains de ses chansonnettes, et quand je prononçais le nom de *Legouvé,* elle me récitait ses vers.

J'étais le seul familier de la maison qu'elle eut connu dequis quelques années seulement; aussi ai-je été celui qui conserva le plus longtemps près d'elle sa notoriété: sa propre fille était devenue pour elle une étrangère... Mais, il arriva un jour qu'elle m'accueillit avec étonnement, et, se tournant vers sa fille : « vous aurez soin, Madame, de recevoir Monsieur avec tous les égards qu'il mérite et de préparer un bon déjeuner. » Toutes les facultés intellectuelles avaient déménagé les unes après les autres... Madame M...., tomba bientôt dans l'assoupissement, et mourut quelques jours après.

La première formule d'une idée est presque toujours la meilleure, et l'on a souvent à regretter de ne pas l'avoir inscrite immédiatement au manuscrit. Plusieurs écrivains ont constaté ce fait qui est commun à tous les âges. Mais, ce qui est particulier à la vieillesse, à la mienne au moins, c'est que, après avoir conçu une proposition un peu complexe, bien nette et bien claire dans mon esprit, il m'arrive, si je tarde à l'inscrire, de ne plus la retrouver, ni dans ses membres, ni dans ses termes; d'autres idées, en lui succédant dans la case des conceptions, l'en ont éliminée en partie, quelquefois entièrement.

Sans doute, on peut expliquer ces phénomènes par un affaiblissement de l'ensemble du cerveau. Mais, dans ce cas, il faudra se demander pourquoi certaines facultés sont plus atteintes que d'autres? N'admet-on pas, généralement, que la vieillesse n'est plus la saison des grands écarts de l'imagination et qu'elle devient l'âge de calme et de pondération du jugement? Ne semble-t-il pas qu'il y ait là deux conditions organiques localisées, la première réduisant son empire, et rétablissant les droits de la seconde?

Rechercher dans le cerveau la localisation des facultés intellectuelles, serait-ce donc une vaine illusion, une prétention enfantine, vu l'échec de Gall?

Je n'ai pas étudié particulièrement la phrénologie, mais je considère que cette science, compromise par trop d'entraînements à ses débuts et trop prétentieuse dans ses détails, a pour elle l'avenir. Son développement ne pourra être que très lent et très long, car elle repose, avant tout, sur les faits les plus minutieux de la pathologie et de la physiologie comparée.

Voilà bien des siècles que l'esprit humain disserte ou divague sur les facultés de l'âme. Si les anciens avaient connu l'anatomie et la physiologie du cerveau, s'ils avaient été appelés, comme la science l'a été depuis un siècle, à tirer profit de l'observation pathologique, à quels résultats ne serait-on pas arrivé aujourd'hui dans l'étude des phénomènes moraux et intellectuels?.... L'aphasie, phénomène psychique des plus curieux et des plus remarquables, ne s'explique-t-elle pas aujourd'hui organiquement et sans avoir recours à l'âme?

Peut-on dire quelles seront les limites des découvertes à faire en psychologie, sur le terrain des fonctions cérébrales?... L'amnésie, ou perte de la mémoire des mots, pour la vieillesse, n'est-elle pas elle-même un diminutif de l'aphasie, et ces deux affections ne peuvent-elles pas se rattacher à la même cause organique?...

La parole est aux phrénologues... à ceux surtout qui peuvent joindre aux observations physiologiques la ressource des observations *post mortem*, l'autopsie cérébrale.

IDÉALISME & POSITIVISME.

THÉORIE DE LA PERCEPTION EXTÉRIEURE.

Le lecteur me pardonnera d'entrer ici dans une question du plus haut idéalisme. Tout d'abord j'avais mis de côté ce logogriphe des plus compliqués ; c'est grâce aux éclaircissements de Mr P. Janet que j'ai pu le reprendre.

La théorie de la perception extérieure dont il s'agit, pourrait s'intituler : *l'objectif-subjectif, le réel-idéal; le vrai-faux*... Antinomies subtiles et savoureuses, je vous assure ! Le subjectif promet beaucoup ! Si vous y prenez goût, approfondissez HÉGEL... Ce vous sera un régal !

Depuis longtemps, sans doute, vous croyiez naïvement que tout ce que vous percevez d'objectif dans la nature existe en réatité. Eh bien, vous aviez la berlue !... Tout objet placé sous vos yeux, l'arbre que vous touchez, l'animal dont vous observez les formes et les allures, les étoiles du firmament, tout ce qui, en un mot, entre en relation avec vos sens, n'a pour vous qu'une existence contestée.

C'est donc une question de métaphysique raffinée de savoir si le magnifique tableau de la vie, en mouvement sous toutes les formes, est une réalité pour nos sens, ou une illusion de notre esprit?... Et, cette question, agitée depuis des siècles, reste encore vivace de nos jours, parce qu'il y a eu et il y aura, de tout temps, des abstracteurs de quintescence... Oui, il y aura des esprits pour lesquels l'objectivité sera un leurre, la sensation un trompe-l'œil, la perception une illusion ou une hallucination; pour lesquels le mysticisme seul a droit de jugement dans cette affaire.

La courte digression qui va suivre ne paraîtra pas déplacée à ce sujet.

En philosophie, comme en toute autre matière, la réaction suit l'action. Dans la dévote Angleterre, le positivisme du chancelier Bacon et de Locke avait fixé pour bases de la connaissance l'observation et l'expérience. La conséquence immédiate avait été le matérialisme de Hobbes. Le spiritualisme qui, depuis Platon jusqu'à la Renaissance, avait établi sa prédominance sur les esprits, se trouvait fortement compromis par l'accueil fait aux principes nouveaux. A la tête du clergé anglican, l'évêque Berkeley, scrutateur profond, devait entreprendre de combattre l'ennemi.

S'inspirant de la philosophie des Indous pour lesquels

tout était illusion dans ce monde, et aussi de celle des Eléates qui allaient jusqu'à nier leur propre existence matérielle, Berkeley, dans son spiritualisme absolu, combattit la notion de toute substance qui existerait indépendamment de l'Esprit. Sa doctrine peut se résumer en quelques mots : — Exister, c'est être perçu ou percevoir — ce qui n'est pas perçu et ne perçoit pas, n'est-pas. — La matière ne percevant pas, *n'est pas.* — La réalité ne se trouve que dans l'esprit et les idées.... O puissance du syllogisme ! ô moutons de Panurge !

Le philosophe anglais Hume, plus radical encore dans sa formule, quoique moins absolu dans son spiritualisme, rejette à la fois l'esprit et la matière et n'admet que des phénomènes ou états de conscience qui se suivent.

L'évêque Berkeley est bien certainement le coryphée des idéalistes qui se sont exercés sur cette corde raide de la dialectique psychologique. Souvent j'ai mis en jeu toutes mes vibrations cérébrales pour le comprendre; il m'en est resté, chaque fois, tant d'hébétude que je résolus de n'y plus revenir.

En lisant, avec toute l'attention qu'elle mérite la publication de Mr *P. Janet,* — LA CRISE PHILOSOPHIQUE — je ne m'attendais guère à y trouver satisfaction sur cette doctrine si subtile. Je savais, dès les premières pages, que je m'engageais aux antipodes du sensualisme ; et c'est là, pourtant, que j'ai vu tirer au clair des idées si confuses pour moi. C'est en suivant l'analyse critique de l'auteur contre les idées de Mr *Taine* que j'ai entrevu la lumière.

—«Vous critiquez, dit Mr P. Janet, la théorie de la perception extérieure des Écossais, et il y aurait en effet bien des choses à dire à ce sujet ; mais tout ce que vous imaginez, c'est de reprendre la théorie des idées-images, théorie aussi vaine qu'inutile. Et quel est votre argument ? C'est que dans la mémoire et l'imagination les idées sont de véritables images des objets absents ; vous en concluez qu'elles sont également des images, quand les objets sont présents. Qui ne voit le vice d'un semblable raisonnement ? De ce que, dans l'absence d'un objet, l'idée que j'en ai est une véritable image de cet objet, comment conclurais-je que cette idée est encore une image quand l'objet est présent ? Qu'ai-je besoin d'image devant l'objet même ? Sans doute, dans la perception, il y a une représentation de l'objet (et qui l'a jamais nié?) ; tout ce qu'ont voulu dire les Ecossais, c'est qu'entre la perception et l'objet, il n'y a rien, que la perception est l'acte dans lequel le sujet et l'objet s'unissent sans intermédiaire, et cela est d'une absolue vérité.»—

La dialectique de Mr *P. Janet,* souvent obscure pour

nous par trop de sublimité ou de profondeur, est ici d'une démonstration saisissante. C'est de la logique claire, serrée, animée par la simplicité élégante et la précision du style; elle jette la lumière sur l'une des questions les plus ténébreuses de la psychologie.

Un fait bien curieux, c'est que le prince du matérialisme, l'initiateur de la théorie des atomes, DÉMOCRITE, a eu des hésitations sur ce point de doctrine qui semble devoir être particulier au spiritualisme. Mais, les atomes ne sont-ils pas eux-mêmes d'une subjectivité absolue?

Voici : à ce sujet, les appréciations de Mr J. SOURY : (*)

« L'essence véritable des objets, *la seule réalité*, l'atome, échappe à nos prises et se dérobe *inaccessible*. « Voilà pourquoi l'homme vit plongé dans un monde « d'illusions et de formes trompeuses que le vulgaire « prend pour des réalités. Il semble que l'on entend « encore l'accent amer et triste du philosophe d'Abdère « dans ces mots : *à vrai dire, nous ne savons rien : la vérité se trouve au fond de l'abîme*... DÉMOCRITE n'est pourtant pas un sceptique, bien qu'on ne puisse douter que « le scepticisme de ceux qui l'ont pris pour maître ne fut « en germe dans sa doctrine. Il distinguait, paraît-il,

(*) Bréviaire de l'histoire du matérialisme.

« entre la réflexion et la perception sensible, et, quoique « toutes deux eussent même origine, il croyait pouvoir « ajouter autant de certitude à celle-là q'il en refusait à « celle-ci La proposition fondamentale de Démocrite : « *rien n'existe en réalité que les atomes et le vide,* témoi- « gne assez qu'il n'est pas un sceptique, bien que « l'expérience n'ait rien pu lui apprendre sur l'essence « et le principe des choses, sur les atomes. L'atomisme, « en effet, repose comme toute explication universelle « sur une *hypothèse transcendante,* et le matérialisme « n'échappe pas plus que l'idéalisme à la métaphysique.»

Voilà donc une conclusion bien rassurante pour les amants passionnés de la métaphysique, pour ceux qui ne peuvent se contenter de ce qui ressortit à la raison, à l'observation et à l'expérience.

Pour nous qui, avant tout, avons en vue le problème *force* et *matière,* la matière existe, envers et contre tous; elle est objective à nos sens et ne gîte pas au septième ciel. Dites qu'elle est composée de molécules; j'y souscris. Mais, si vous placez l'essence et le principe des choses dans les atomes qui ne sont qu'un rêve, je vous laisse à votre hypothèse trascendante... Pour satisfaire au sens commun, je m'en tiens encore à l'élément aristotélien, à la matière première qui constitue les corps, aux particules qui ne peuvent se réduire en parties hétérogènes. Je laisse aux rêveurs l'hypothèse des atomes qui, par leur mouvement font la force du monde, grâce à une autre hypothèse *du vide* ou de *l'éther*...

IDÉALISME & POSITIVISME

IDÉES INNÉES.

Passer de la théorie de la perception extérieure à la conception des idées innées, c'est tomber de Charybde en Scylla, dans le gouffre de l'idéalisme.

Dans son *essai sur l'entendement humain*, Locke, se préoccupant, avant tout, de l'origine de nos connaissances, fonde une doctrine entièrement opposée à celle de Descartes et Leibnitz.

Descartes avait admis trois ordres d'idées : les idées adventices, qui nous viennent de l'extérieur ; — les idées factices que nous formons en combinant les autres idées ; — les idées innées qui naissent en nous, et dérivent de *la nature* même *de notre pensée*.

Pour Leibnitz, toutes les idées, et non pas quelques-unes comme chez Descartes, sont innées.

Locke, au contraire, établit : qu'il n'y a rien dans l'intelligence qui n'ait été d'abord dans les sens. Comme source des idées, il n'admet, outre *la sensation,* que la *réflexion*... Nous voyons là les vrais principes de la psychologie positive.

— « Dans la conception de Locke, dit Mr L. Brothier, l'intelligence est une *table rase,* attendant que la sensation vienne y écrire quelque chose, un miroir muet tant que des images ne viennent pas s'y dessiner. Il la regardait comme toujours et exclusivement passive dans le phénomène d'où résulte la connaissance, et douée d'activité seulement pour combiner entre elles ces connaissances passivement acquises. Inutile de dire que, par cela que les esprits, que les substances immatérielles ne peuvent agir sur nos sens, il en concluait, et avec raison, que nous ne pouvons en avoir aucune idée, ou que celle que nous nous en formons n'a pas plus de réalité extérieure ou objective que n'en ont les idées de fées ou de lutins. »

« Locke n'osait cependant pas nier Dieu, mais il en considérait la notion comme devant rester étrangère aux spéculations de la philosophie qui pouvait très bien, sans elle, expliquer et l'homme et le monde. » —

Locke comparaît aussi l'entendement à un cabinet obscur qui n'aurait que quelques petites ouvertures sur le dehors pour laisser entrer par dehors les images des objets extérieurs et visibles, tellement que si ces images venant à se peindre dans ce cabinet obscur, pouvaient y rester et y être placées en ordre, en sorte qu'on pût les trouver dans l'occasion, il y aurait une grande ressemblance entre ce cabinet et l'entendement humain par rapport à tous les objets de la vue, et aux idées qui existent dans l'esprit.

Avant Locke, Gassendi, contemporain de Descartes, était intervenu contre la croyance aux idées innées... Nous extrayerons du livre de M. J. Soury les arguments simples, et quelque peu ironiques, opposés par Gassendi; au prince de la philosophie de son temps.

« Les idées innées devraient paraître avec d'autant plus d'éclat dans les enfants, disait Gassendi, qu'elles n'auraient encore pu être altérées par aucun mélange de préjugé et de sophisme : prenons-les donc dans le sein de leur mère. Bien loin que l'embryon puisse avoir aucune notion innée, il ne paraît pas même qu'il puisse penser à quelque chose; il ne peut en effet avoir aucune idée de la lumière, ni d'aucune chose qui soit dans le ciel et sur la terre, ni de son âme, ni de son corps ; les pensées du fœtus ne peuvent avoir pour objet rien de ce qui est au dehors ni au dedans de sa coiffe ; il est tout au plus borné aux sensations que lui causent la soif et une situation commode ou incommode. Or, que le fœtus ait des pensées qui se succèdent sans intervalle, c'est ce que je ne conçois point. Si vous êtes plus clairvoyant que moi, vous n'avez qu'à le prouver; mais la raison et l'expérience ne seront pas de votre côté. Je n'irai donc point vous faire des questions importunes, ni vous prier de me dire si vous vous souvenez des idées que vous avez eues avant que de venir au monde ou les premiers mois qui ont suivi votre naissance. Et si vous me répondez que vous en avez perdu le souvenir, vous ne pourrez du moins me contester que dans ce temps-là vos pensées, supposé même que vous en eussiez, ne fussent bien faibles, bien obscures et pour ainsi dire nulles. »

« Ajoutez, dit Mr J. Soury, que Gassendi, qui n'avait jamais cessé de s'appliquer à l'étude de l'anatomie, qui avait même fait des dissections sur des cadavres d'animaux et de suppliciés, tirait parti de sa connaissance des fonctions du cerveau pour montrer combien l'intelligence dépend de ces fonctions. Gassendi indiquait même à l'appui, des faits de pathologie mentale. Voici une des preuves qu'il alléguait contre Descartes : « Puisque le cerveau n'influe point sur la faculté de penser, il est naturel de croire que, dans une léthargie, l'âme aura des idées d'autant plus parfaites que le cerveau n'influe point alors sur ses opérations. Ainsi l'âme se trouvera alors dans cette situation heureuse où elle pourra jouir d'elle-même et sera dégagée du corps grossier qui la captivait. Combien doit-elle désirer cet état de liberté où elle peut contempler sans trouble et sans nuage les objets qu'elle connaît, sans être offusquée par les vapeurs grossières qui s'élèvent des sens ! Je laisse à ceux qui ont plus de sagacité que moi à décider si les choses vont de même dans une syncope. » —

A notre grand étonnement, Mr J. Soury prend, dans cette controverse, le rôle de conciliateur... « A cet égard, dit-il, et pour être issues des doctrines de Locke, de Hume et de Kant, la psychologie contemporaine n'est pas plus avec Gassendi qu'avec Descartes. Elle a découvert une explication plus compréhensive qui concilie, en les expliquant, les deux théories contraires : l'esprit de l'enfant, loin d'être à l'origine une *table rase*, apporte en ce monde sa part de l'héritage intellectuel et moral que lui ont légué ses ancêtres et les ancêtres de ses ancêtres, lesquels se perdent dans l'infini des formes organiques. Tous ces germes innés d'idées et de sentiments ne se développeront vraisemblablement point chez le même individu, mais quelques-uns se développeront et détermineront son caractère. » —

J'avais pensé, tout d'abord, que cet infini des formes organiques signifiait simplement l'infinie variété des formes du cerveau, susceptibles de se transmettre comme fait d'atavisme... Erreur profonde! Les *germes innés* d'idées et de sentiments détermineront le caractère de l'individu... Je m'étais persuadé que la psychologie n'avait pour fondement ratîonnel que la physiologie des centres nerveux; et, j'avais vu, avec satisfaction, Mr J. Soury faire mérite à Gassendi d'avoir, dès son époque, avancé ce principe... Bien loin de là ! Mr J. Soury balance entre Gassendi et Berkeley. On connaît, dit-il, les belles stances sur Berkeley et sa métaphysique qui commencent le onzième chant de *Don Juan*. « Quelle sublime découverte, s'écrie Byron, que de faire de l'univers un moi universel et de soutenir que tout est idéal, — que tout est nous ! » Quoi qu'on pense un jour de cette découverte, si jamais on arrive à prouver qu'elle est fausse ou qu'elle est vraie, il ne conviendrait guère aux hommes de notre temps de la rejeter sans examen, uniquement parce qu'elle est paradoxale. »

Oui, elle est paradoxale pour la science positive;... placée en regard de celle de Gassendi, il faut conclure : — Si l'une est vraie, l'autre est fausse. — Berkeley nie l'existence de la matière... Pour ouvrir les yeux à sa doctrine, il faut donc remettre en question l'axiome : *point de force sans matière*... Mr J. Soury va-t-il jusque là ?

Nous ne terminerons pas sans reprendre la question

au point où Gassendi l'a laissée, au terme de la vie fœtale.

Rabelais avait-il en vue la doctrine des idées innées, quand il fait pousser à Gargantua, entrant dans la vie extérieure, son premier cri : à boire ! — Non, Rabelais dévoilait les appétences princières de son temps. Après lui, la satire seule eut pu reproduire un fait analogue ; aucune matrone n'en eut la surprise...

Les seules manifestations de l'enfant qui vient de naître, consistent en évacuations, alvines ou vésicales, en cris provoqués par l'établissement de la respiration, par les appétits de la vie organique, ou par la sensibilité déjà en cause.

Pendant les premiers jours de la vie extérieure, il est évident que l'instinct, seul, pousse l'enfant vers le sein maternel... Ce n'est guère qu'après la première semaine que le commencement de la vie de relation se révèle par l'action des organes de la vue et de l'ouie, et que les premières idées semblent se produire. L'évolution se fait, dès lors, plus apparente de jour en jour; en même temps que les perceptions s'exécutent, le sentiment apparaît, à l'heure du premier sourire pour la nourrice.

Pour les mères auxquelles rien n'échappe, quel touchant sujet d'observations ressort des transformations intellectuelles si rapides, qui s'opèrent chez l'enfant au fur et à mesure que l'organisme se développe... A un an, les impressions de la *table rase,* s'accentuent, les idées s'accumulent et se réfléchissent déjà ; les gestes, les essais de langage le prouvent... Dès lors, les facultés intellectuelles et morales se dessinent, de jour en jour, en proportion des rapports de l'être avec le monde extérieur.

La doctrine des idées innées ne pouvant se comprendre qu'autant qu'elle se relie à celle de l'âme personnelle, nos conclusions sont les mêmes sur ce point : elle est inadmissible pour nous.

IIIe PARTIE

PANTHÉISME & SYNCRÉTISME

INTRODUCTION

Le mot SYNCRÉTISME sera-t-il aussi inconnu au lecteur qu'il l'était à moi-même avant que j'eusse pris connaissance de l'HISTOIRE POPULAIRE de la PHILOSOPHIE de Mr L. BROTHIER?... Après quelques recherches, j'ai constaté que les interprétations, données à ce mot, sont loin de s'accorder entre elles.

Syncrétisme, dans Littré, n'est autre chose que de l'éclectisme. Or, qu'est-ce que l'éclectisme; en philosophie? C'est la doctrine des philosophes anciens, qui essayaient de réunir, dans un même système, les systèmes antérieurs; ou mieux d'admettre ce que chaque système paraît avoir de bon.

J'ignore si, au temps moderne, le grand prêtre de l'éclectisme, V. COUSIN, a employé le mot syncrétisme en quelque endroit; je ne l'ai pas rencontré dans le peu de pages que j'ai lues de ses écrits.

Cousin, range en quatre classes les systèmes auxquels on peut faire des emprunts. Ce sont : le sensualisme, l'idéalisme, le scepticisme, et le mysticisme. Il est vraisemblable que ce professeur de philosophie faisait rentrer le panthéisme dans l'idéalisme, comme il y fait rentrer les questions de l'âme et de Dieu... Si le syncrétisme n'était autre chose que de l'éclectisme, comment a-t-il pu arriver que le chef de cette dernière école n'en ait pas fourni l'indication ?

Suivant Mr L. Brothier, le nom de syncrétisme a été donné, d'abord, à la doctrine Indoue résumée dans les VÉDAS et les POURANAS des lois de MANOU et des autres ouvrages sacrés de l'Inde ; doctrine qui tend à tout identifier et à tout confondre. Son interprétation religieuse est le panthéisme, et doit ce nom à ce que le Dieu qu'elle proclame est tout ce qui est, et que, excepté lui, rien n'est,... Dans ce sens bien précis, le syncrétisme ne peut être de l'éclectisme...

Mr Brothier n'admet que trois grands systèmes philosophiques : 1° Le sensualisme ou matérialisme qui place sa confiance exclusive dans la sensation. — 2° Le spiritualisme, caractérisé par la prédominance ou l'exclusivisme de la raison. — 3° Le syncrétisme qui rattache tout au sentiment des rapports. Pour Mr Brothier, le *scepticisme* n'est pas une philosophie mais une arme de guerre « dirigée contre toute philosophie qui n'est plus « en harmonie avec la pensée d'une époque. » Cette appréciation nous semble des plus juste.

Evidemment, le syncrétisme ou panthéisme, n'emprunte rien, ni au matérialisme, ni au spiritualisme : celui-ci, seul, comme nous le verrons dans l'exposé qui va suivre, s'est approprié, plusieurs fois, des principes de la philosophie Indoue.

PHILOSOPHIE DE L'INDE PRIMITIVE

DES ÉGYPTIENS ET DES HÉBREUX

Dès la plus haute antiquité, l'Orient possédait une philosophie dont la plupart des monuments ont disparu, mais dont on retrouve les traces dans les nombreux ouvrages consacrés à l'exposition des cérémonies du culte et à l'interprétation des dogmes religieux. C'est surtout dans l'Inde que ce premier effort de la pensée humaine cherchant à se rendre compte, et d'elle-même et du monde, s'est fait jour.

De la tendance à la contemplation, inhérente aux races orientales, devait résulter celle d'accorder au sentiment des rapports une haute prédominance sur la raison et sur la sensibilité.

D'après les principes consacrés par les lois de Manou, les sensations sont des sources d'erreur, et la raison aussi est trompeuse... L'Etre est tout; il ne peut y avoir qu'un être; tout ce qu'on appelle des êtres ne sont que le même être.— L'Etre existe sans attribut d'aucune espèce; car, un attribut serait une distinction.— Il est impersonnel, puisqu'il ne se distingue de rien.— Tout ce qui est permis d'en dire, c'est qu'il est le grand INDÉTERMINÉ ou l'UNIVERSELLE SUBSTANCE.

L'INDÉTERMINÉ n'a ni commencement ni fin; mais, il ne subsiste qu'à la condition de se manifester par une série continue de déterminations qui sont lui-même et ne sont rien d'étranger à lui; qui sortent de son sein pour y rentrer plus tard par un mouvement d'enveloppement qui ramène à l'identité ce que le mouvement de développement en avait fait jaillir.

Ce principe des déterminations, une fois établi, amena plus tard, la conception des émanations qui gâta tout dans la doctrine primitive, supérieure, jusque là, à tout ce que le spiritualisme a pu concevoir sur Dieu.

Après les anciens sages sont venus les prêtres qui, trouvant cette religion trop élevée pour le vulgaire, l'ont défigurée et dénaturée pour la mettre à sa portée.

Par la plus grossière des contradictions, à l'*Indéter-*

miné primitif ils ont donné un nom et des attributs. C'est Brahm, à la fois créateur, conservateur et destructeur.

Cela ne leur a pas suffi ; de ces attributs, ils ont fait, sous les noms de Brahma, de Vichnou, et de Siva des émanations différentes, douées de personnalité, et suivies d'autres émanations qui sont autant de Dieux, ayant des fonctions différentes.

L'anthropomorphisme et le polythéisme en furent la suite... C'est que l'orgueil humain, placé entre la nature et cette force qui la pénétre, se fit une tactique, après l'avoir surélevée d'abord, de la rabaisser ensuite, en la personnifiant *à son image*... C'est que, pour les castes qu'elle allait créer, la perversion de la doctrine primitive donnait satisfaction à l'esprit de domination, incarné à l'homme...

De l'Inde, l'idée panthéiste était passée, en se modifiant, dans l'Indo-Chine, en Chine et au Japon, à l'Orient; à l'Occident, en Chaldée, en Phénicie, et en Egypte, où elle se combina, avec le temps, à un matérialisme et à un polythéisme des plus grossiers.... Seule, la secte des Ariens, chez les Hébreux, concevait Dieu comme la substance du monde, le monde comme l'ensemble des modes dans lesquels Dieu se développe. La plupart des autres peuples d'Egypte furent matérialistes, monothéistes, ou polythéistes.

— « Il suffit, dit Mr Brothier, de parcourir les livres juifs pour se convaincre que Dieu n'y parle et n'y agit jamais que comme un homme; non pas même comme un homme de nos jours, mais comme un homme de ces temps d'ignorance et de barbarie, que quelques fanatiques s'efforcent de transformer en ange d'innocence et de douceur. Jéhovah valait certainement un peu plus que ses adorateurs, puisqu'il était pour eux un objet de vénération; mais un prince qui aujourd'hui lui ressemblerait, un prince qui ordonnerait les massacres et les abominations de toute espèce qu'il ordonna, serait l'objet de l'exécration publique. » —

ÉCOLE NATURALISTE D'IONIE.

HÉRACLITE ET ANAXAGORE.

— « La philosophie, comme science indépendante des dogmes religieux, a sa vraie patrie en Grèce, dit Mr A. Fouillée (*). Elle y arriva de bonne heure à un tel développement que les premiers philosophes grecs, nous étonnent encore par la profondeur de leurs conceptions métaphysiques. Le point de départ de la réflexion philosophique, en Grèce, fut la nature visible. Les philosophes Ioniens sont, selon l'expression d'Aristote,

(*) Histoire de la Philosophie.

des physiciens, et leur philosophie est une physique générale. On les voit peu à peu revenir de l'extérieur à l'intérieur par l'inévitable progrès de la réflexion, qui fait que la pensée, emportée d'abord vers la nature, rentre en soi et se retrouve elle même. » —

Héraclite et Anaxagore, étant les seuls, dans cette école, dont la doctrine présente de l'affinité à l'idée panthéiste, nous n'avons pas à nous occuper de Thalès de Milet, ni du créateur de la doctrine atomistique, Démocrite d'Abdère.

Héraclite. — La conception d'Héraclite qui, à notre époque, a inspiré Hégel et l'école anglaise, après que Diderot lui-même s'en fut pénétré, est, bien certainement, la plus originale des temps anciens. Elle est l'une des plus séduisantes et se rapproche du panthéisme en beaucoup de points. Elle repose sur le mouvement et la loi du mouvement, d'où procède l'union des contraires.

Pour Héraclite, rien n'est ; *tout devient* : aussi pour lui la recherche d'une sublance persistante est vaine. On aura beau chercher, on ne peut trouver quelque chose qui réellement subsiste... Tout s'écoule, tout marche, et rien ne s'arrête. « On ne descend pas deux fois dans le même fleuve, car, c'est une autre eau qui vient à nous;

elle se dissipe et de nouveau s'amasse; elle s'approche et s'éloigne. »

Mais la mobilité de l'eau ne semble pas encore à Héraclite une expression assez forte du mouvement qui entraîne tout: à l'écoulement universel, il substitue l'universel *embrasement*...— « L'universalité des choses n'est ni l'œuvre d'un Dieu ni celle d'un homme, mais elle a été et sera éternellement le feu vivant, s'embrasant et s'éteignant avec mesure... Seulement, il ne faut pas se méprendre sur la vraie nature de ce feu. N'entendons pas par là le feu grossier que nos yeux aperçoivent, mais un feu subtil qui échappe aux regards. Ce feu n'est pas même matériel; ou plutôt il est à la fois *matière* et *intelligence*, car *ces deux choses sont indivisibles* dans l'universel devenir d'où tous les phénomènes procèdent. C'est donc un feu vivant, un feu intelligent, un feu divin qui gouverne toutes choses sans s'éteindre jamais. » — A ce point de vue, la doctrine d'Héraclite n'est-elle pas un dynamisme universel? C'est le SPIRITUS INTUS ALIT.. le MENS AGITAT MOLEM...

Quelle est la loi qui régit le mouvement?... Le mouvement ou *devenir* consiste à être et à n'être pas; sa loi est donc l'union des contraires, ou la conciliation des différences. Elle se formule par l'identité mobile des contraires... On peut dire que l'être n'est pas plus que le non être ; car, l'être et le non être ne font qu'un dans ce qui n'est plus, dans ce qui *devient.* De là, l'universelle contradiction qui est en toute chose.

La conciliation des contraires est une loi d'harmonie. Cette loi de contradiction et d'harmonie, a pour caractère une loi fatale, une nécessité ; mais, en même temps, elle est une justice. S'il y a de la justice dans la nécessité, c'est qu'au fond la nécessité est une pensée intérieure au devenir et qui le gouverne *du dedans.* Cette loi fatale, cette justice armée, cette pensée gubernatrice et divine... Elle est Dieu même...

Notre âme est une étincelle du feu divin auquel elle emprunte la raison... Sans admettre l'immortalité personnelle, Héraclite admettait une immortalité impersonnelle, *un retour des âmes particulières* DANS L'AME DU TOUT, et du feu humain dans le feu divin.

—« La philosophie d'Héraclite, dit Mr Fouillée, est sans doute incomplète et n'exprime qu'un aspect des choses : à savoir le monde matériel, avec tous ses phénomènes réduits au mouvement et toutes ses lois réduites à la loi du mouvement. Mais ce qu'Héraclite a vu, comme il l'a compris ! Encore de nos jours, sa conception de la nature subsiste en entier. Comme lui, la science moderne réduit tous les phénomènes au mouvement; comme lui, elle admet la permanence de la force dans sa quantité, et la transformation de ses effets l'un dans l'autre par un échange sans fin; comme lui, elle soumet le mouvement à une loi de rythme, de périodes et d'évolution mesurée; comme lui enfin, elle voit dans le principe du calorique la manifestation la plus immédiate et la plus universelle du mouvement, et elle explique la vie à la surface du globe par la lumière du feu solaire. La métaphysique moderne, à son tour, reconnaît avec Héraclite, dans le changement, une mystérieuse identité des contraires, et elle admet que, à la vue du monde sensible, on peut dire avec lui: «Rien n'est et tout devient.» C'est là, en effet le monde de la *relativité universelle.*»—

ANAXAGORE. — Au lieu de considérer le mouvement comme la cause des choses, Anaxagore le regarde comme un simple effet, comme une simple relation entre les choses préexistantes; rien ne naît ni ne périt, à proprement parler; il n'y a que des combinaisons mécaniques entre les choses. De là une explication toute mécanique du monde, idée dont s'inspirera Descartes... Le mouvement est venu de l'intelligence divine qui meut l'univers comme l'âme meut le corps.

Anaxagore avait préparé Démocrite d'Abdère à développer l'explication mécanique du monde; mais, celui-ci n'admet point une intelligence motrice supérieure au monde. Le mouvement, étant éternel, s'explique par lui-même... Le plein et le vide sont les éléments de toutes choses; le plein se divise en atomes dont la combinaison produit tout... L'âme, elle-même n'est qu'un composé d'atomes plus subtils.. — l'Ecole d'Abdère aboutit à un complet matérialisme.

ÉCOLE IDÉALISTE D'ÉLÉE.

XÉNOPHANE — PARMÉNIDE — ZÉNON D'ÉLÉE.

L'idée qui domine dans l'école d'Elée, c'est que la la multiplicité des choses est une simple apparence et que le fond des choses est l'unité.

Le chef de cette école, Xénophane peut être réclamé par les panthéistes, bien mieux que par les spiritualistes... Xénophane établit l'unité absolue de Dieu. Il l'identifie au monde lui-même, qui n'est pas un second être en face de Dieu... Dieu est l'être, et il renferme tout l'être... Rien ne peut être engendré, puisqu'il n'y a place pour rien en dehors de l'être, absolument *un*... De ce monothéisme ressort un panthéisme évident.

Parménide le disciple de Xénophane, admet également que l'Être absolu est un, infini, éternel, et, qu'en dehors de l'Être rien ne peut exister. — L'Être est sans naissance et sans destruction; il possède la perfection suprême, étant semblable à une sphère entièrement ronde qui, du centre à la circonférence, serait partout égale et pareille. Il est sans bornes... La pensée est la même chose que l'Être : toute distinction entre eux, amènerait une dualité qui ne peut exister dans l'absolu.

— « En définitive, dit Mr Fouillée, Parménide aboutit logiquement à l'indétermination absolue du premier principe pour l'intelligence humaine, et il répète sans cesse cette formule stérile : L'Être est ou l'*un-un*. Héraclite niait l'être et affirmait le devenir; Parménide nie le devenir et affirme l'être. L'être, pour Héraclite, était un océan de feu, toujours en mouvement ; pour les Eléates, c'est comme un océan de glace à jamais immobile.

Zénon d'Élée réfute ceux qui, avec Héraclite, se représentent le devenir comme la seule réalité; selon lui, au contraire, rien ne devient et tout est. Le changement et le mouvement ne sont que des apparences : de là les arguments célèbres de Zénon contre la possibilité du mouvement.

La doctrine *du devenir* a réapparu, de nos jours, florissante, non seulement par les subtilités d'Hégel, mais bien mieux encore par la conception toute naturaliste, et si entraînante de l'évolution et du transformisme.

PLATON.

Bien que Platon et Aristote ne puissent être classés parmi les panthéistes, je ferai une digression à leur sujet : le lecteur en comprendra le but et les raisons...

L'énigme de notre existence et de celle du monde prépare bien des déceptions à ceux qui veulent la pénétrer... On cherche l'absolu, et de système en système, on entrevoit une pénombre ; mais, la page tournée, on retombe dans l'obscurité la plus profonde.

Trois circonstances ont été pour moi la cause d'une situation variée de dépit et de satisfaction.

Une première fois, au moment où le spiritualisme, par sa personnification de Dieu, m'éloignait de toute croyance, l'exclamation indignée de Fichte, en regard de cette personnification, était venue reconforter ma conscience.

Exempt de tout parti pris, et voulant, malgré l'hébétation que donne la dialectique des spiritualistes, connaître à fond leur doctrine, j'abordai le petit livre de Mr P. Janet. C'est là, qu'une note en renvoi, m'apprit : qu'au sentiment de Mr Vacherot, le panthéisme était un crime.... Je voyais donc s'évanouir ma seule tendance à croire.

Rentré en puissance *de mon moi,* je voulus revoir si le divin Platon, le spiritualiste le plus respectable, me jugerait aussi, digne d'aller en cour d'assises?... Or, voici ce que j'ai trouvé dans Platon: j'y ai vu, qu'en approfondissant l'œuvre d'Anaxagore, Platon conçoit Dieu comme un *moteur* qui se meut lui-même, comme l'*âme du monde.*— Je dois reconnaître aussi que, comme Anaxagore, il établit: qu'au-dessus de ce qui se meut soi-même, il y a l'idée immobile, objet de l'intelligence immobile. Cette intelligence, c'est Dieu ; et c'est là que Platon devient confus dans ses subtilités. Il faut aussi reconnaître que, dans l'*union de l'amour* (la suprême richesse), avec *la matière* (la suprême pauvreté), on peut voir une émanation fantaisiste à la façon des Indous.

Il y a donc dans Platon du syncrétisme au profit du panthéisme. Cela bien établi, il m'est permis de considérer Platon comme valant bien Mr Vacherot...

ARISTOTE.

La dialectique des spiritualistes n'est pas toujours aisée à pénétrer. Si je l'ai éprouvé avec Platon, la logique d'Aristote n'a pas été pour moi d'une compréhension plus facile. J'en donnerai un exemple à l'appui.

Un passage extrait de sa métaphysique, a pour titre : Dieu est l'intelligence éternelle *qui se pense elle-même.*

Malgré tous les efforts de ma bonne volonté, je ne pus rien y comprendre, d'abord; et j'en restais confus... Enfin, ma profonde attention me révèla : que Dieu, étant, dans son essence, *le bien,* ne pouvait penser au bien, sans *se penser* lui-même !

Mais, j'ai honte d'ajouter, que je ne pus ensuite comprendre la formule *justement célèbre : la pensée est la pensée de la pensée !...*

Heureux Cartésiens ! Ils ont la démonstration de l'existence de Dieu dans la fameuse formule : *Je pense, donc je suis...* Ne peuvent-ils pas conclure : *Dieu se pense, donc il est ?...*

LES STOICIENS

La doctrine de ZÉNON de CITIUM, ou du Portique, nous parait offrir la formule de Panthéisme la plus claire et la plus simple. En voici le résumé d'après l'ouvrage de Mr Fouillée.

La force, essence des choses, suppose un principe passif et un principe actif. La matière est passive; la pensée ou raison est active. Point de matière sans force; point d'âme sans corps; point de corps sans âme; au fond, corps et âme sont une seule et même chose, *la force* agissant. Ces deux principes ne sont séparés que par l'abstraction.

La raison agit au sein même des choses, *non au-dessus;* est *intérieure* ou *immanente, non supérieure* ou transcendante. Cette raison intérieure est, à la fois, le destin et la providence du monde; car, tout s'enchaîne rationnellement, et nécessairement. Dieu, n'est que la raison qui agit et lutte dans l'univers.

— « Platon et Aristote ont eu tort, suivant les Stoïciens, de considérer la raison des choses comme extérieure à la nature, et de poser, dans une sphère à part, soit les intelligibles, soit l'intelligence. Sans doute, il y a une raison des choses, *une loi* suivant laquelle le mouvement se développe, et, il est vrai d'ajouter que cette raison des choses est la pensée, la raison même. Mais il ne faut pas la séparer des choses qu'elle produit; car, comme Héraclite l'avait compris, elle agit à l'intérieur de l'être et projette sa forme au dehors; elle est cet être même.

La Raison, tendue dans la matière, est l'élément actif qui en développe les puissances par une expansion graduelle, semblable à une semence qui contient à l'avance, en son unité, une succession indéfinie de formes.

Le Dieu des Stoïciens n'est que l'âme du monde: mêlée au vaste corps qu'elle anime, elle se meut en lui, et en relie tous les membres par le lien indissoluble de la nécessité. Tout découle de l'enchaînement infini des causes au sein de la cause universelle. Au reste, le destin est en même temps une providence, parce qu'au fond il est la raison intérieure à l'univers. Les stoïciens n'admirent que cette divinité immanente au monde : ils divinisèrent l'*effort universel.* » —

Effort, force, dynamisme, nous paraissent synonymes.

Les mots Raison, Pensée, Intelligence, sont des vocables à entente différente dans le langage humain. Il est évident que les stoïciens y rattachent exclusivement le sens de *force.*

ÉCOLE D'ALEXANDRIE, NÉO-PLATONISME.

A la suite des troubles que dut entraîner la domination de Rome sur Athènes et sur toute la Grèce, la ville d'Alexandrie, devint le refuge de l'esprit philosophique de ces diverses régions. C'est là que se fonda une école éclectique, ayant pour mission de recueillir les systèmes antérieurs pour les concilier entre eux.

S'inspirant, avant tout, du spiritualisme de Platon, elle prit aussi à l'Inde, l'*indéterminé,* comme origine des choses.

Pour elle, tout est identique à l'être primitif. Il est l'être en soi, l'être pur, la substance dépouillée de tout attribut. De lui on ne peut rien dire, si ce n'est qu'il est, et que de lui est émané tout ce qui est.

Certes Mr P. Janet ne sourirait pas à l'affirmation catégorique de ces principes. Mais, il est avec le ciel des accomodements; bientôt, comme en Orient, l'être pur eut pour les néo-platoniciens des émanations.. La première fut l'intelligence. Or, l'intelligence contemple l'*ineffable* d'où elle est sortie; elle en fait l'objet de sa pensée, et cette pensée qui est l'âme du monde, fut la seconde des émanations. Enfin, suivez bien ce raisonnement : l'être pensant, la pensée, et la chose pensée, sont une seule et même chose... Triade qui aménera ensuite la Trinité indivisible du Père, du Fils et du Saint-Esprit.

DE LA NAISSANCE DU CHRISTIANISME

AU MOYEN-AGE

Plusieurs des premiers docteurs chrétiens appartenant aux écoles néo-platoniciennes d'Alexandrie, où le Panthéisme avait toujours son centre d'action, il arriva, qu'à ses débuts le Christianisme eut pour premier principe l'identité et l'indéfinité de l'être. Le livre de Mr L. Brothier en fournit des preuves.

— « Dans le sens ordinaire des mots, écrit Pachymères, le *un* n'est, s'il est permis de parler ainsi, ni bon ni beau, car ces mots expriment des qualités, des attributs, des affections, des manières d'être ; et, le *un* est conçu comme quelque chose de transcendant, d'ultérieur à toute qualité particulière. » —

— « S[t]. Grégoire de Naziance affirme qu'on peut tout placer en Dieu, qu'il renferme tout parce que tout vient de lui; et S[t]. Jean de Damas appelle Dieu : « l'immense mer de la substance. » —

S[t]. Augustin lui-même, ce prince de la philosophie chrétienne, ne resta pas complétement à l'abri de l'influence syncrétiste. Le passage suivant, extrait de ses *confessions*, en est un témoignage.

— « La vieillesse et la mort sont les conditions communes des choses. Donc, lorsqu'elles commencent et tendent à être, plus elle croissent rapidement vers l'être, plus elles se hâtent vers le non être. Telle est leur loi; mais elles sont les parties d'un tout, et la décadence et la succession de ces parties est la marche du tout. Il en est de l'accomplissement de l'univers comme du discours humain, composé de mots. Le discours n'existera pas tout entier si chaque mot, après qu'il a fait retentir ses syllabes, ne se retire pour qu'un autre le remplace... Vous ne voudriez pas que chaque syllabe fut immobile; vous voulez qu'elle s'envole, que d'autres arrivent pour que vous puissiez entendre tout le discours... C'est ainsi que subsiste l'universalité des choses finies. Mais, dans cette succession, dans cette fuite des êtres, est-ce moi qui me retire? dit le Verbe divin : c'est en lui qu'il faut placer ta demeure; c'est à lui que tu dois recommander tout ce que tu possèdes, ô mon âme remplie d'illusions! » —

Le syncrétisme, dit Mr L. Brothier, ne voulait voir dans les êtres individuels que de phénoménales manifestations de la substance indéterminée. En les assimilant à des mots, à de fugitives expressions du Verbe divin, l'évêque d'Hyppone fait aux croyances orientales les concessions les plus larges. Certes, ajoute-t-il, il est loin de notre pensée de faire au dogme chrétien un reproche des nombreuses inconséquences au moyen desquelles il chercha à associer à son spiritualisme ce qu'il put des doctrines matérialistes et panthéistes. C'est précisément ce qui fit sa force et le plaça bien au-dessus des anciens systèmes.

DU MOYEN-AGE A LA RENAISSANCE.

SCOTT ERIGÈNE.

— « Sur le seuil même du moyen-âge, en 886, nous apparaît, dit Mr L. Brothier, une figure bien étrange, celle d'une sorte de brahme refaisant, en quelque sorte, les Védas, au pied d'une croix, au milieu des rochers de l'Ecosse. On ne sait comment Scott Erigène put avoir connaissance des travaux de la philosophie indoue, et ce n'est pas sans un profond étonnement qu'on retrouve dans ses écrits des passages évidemment empruntés à la Sankya-Karika, doctrine remontant à une haute antiquité et attribuée à Kapila, qui passait pour une des nombreuses incarnations du dieu Vichnou. » —

— « Scott Erigène partit comme les sages de l'Inde, de l'identité primitive. Ce point de départ admis, il se demanda quelles peuvent être les fonctions de la philosophie, si ce n'est d'expliquer comment la diversité a pu sortir du sein de cette identité, et voilà pourquoi il intitula son livre *De la division de la nature.*

Tout est sorti de cette identité; tout y rentrera un jour, suivant les lois d'un progrès qui purifiera toutes choses. » —

Si, comme l'établit Mr Fouillée, Scott Erigène s'inspire du mysticisme néo-platonicien et reproduit, en grande partie, la doctrine de Platon et de Plotin, il faut reconnaître encore dans le *de divisione naturæ*, les principes d'un panthéisme pur. Aussi, Scott Erigène qui avait été appelé par Charles le Chauve à l'académie Palatine, fut-il persécuté ensuite pour hérésie, et dut-il retourner en Angleterre, où Alfred le Grand le couvrit de sa protection.

Parmi ses contemporains, Scott Erigène n'eut point de disciples. Néanmoins, trois siècles plus tard, ses écrits semblent avoir inspiré Amaury de Chartres, et David de Dinant.

ÉPOQUE DE LA RENAISSANCE

PARACELSE. — GIORDANO BRUNO.

— « Les historiens de la philosophie, dit Mr Brothier, n'ont guère vu dans le mouvement qu'engendra la Renaissance qu'une restauration des anciens systèmes. Cette époque nous paraît surtout remarquable en cela qu'elle est un de ces moments singuliers dans lesquels les deux moitiés de la pensée humaine, la synthèse orientale et la double analyse de l'occident, qui sans cesse tendent à s'associer et qui s'étaient déjà rapprochées lors du christianisme, pour la seconde fois se sont trouvées en contact. Quand on étudie sérieusement et autrement qu'à la surface les écrits de cette époque, il est aisé de se convaincre que ce fut vers l'orientalisme bien plus encore que vers l'hellénisme que fut attiré le le gros des penseurs.

Dans cette direction, on ne se borna pas à copier; quelques travaux originaux se firent aussi jour. Paracelse, après avoir établi que c'est en se recueillant en lui-même que l'homme se rend capable de recevoir cette illumination divine par laquelle seulement il peut s'élever au-dessus des illusions de la science, fait découler de Dieu, comme de successives émanations, les âmes, les fluides et les corps.

Ainsi le monde est un flux et un reflux de la vie divine, qui, par l'intermédiaire de l'homme, sans cesse s'épanche de Dieu sur la nature et remonte de la nature à Dieu. » —

Cette doctrine ne manque pas de grandeur : malheureusement elle conduisit Paracelse aux incantations, aux pratiques de la magie, aux amulettes, à l'astrologie. Il eût pour continuateurs Jérôme Cardan et Van Helmont.

GIORDANO BRUNO.

Bien au-dessus de ces docteurs de l'illuminisme doit être placé Giordano Bruno, homme d'un caractère énergique et d'une rare capacité pour les sciences, qui, par l'indépendance de ses idées était appelé à prendre rang dans le glorieux martyrologe de la philosophie, et fut brûlé à Rome, en 1600, comme hérétique.

Nous extrayerons de l'ouvrage de Mr Fouillée, les propositions principales de la doctrine de Bruno.

—« L'idée dominante de la philosophie de Bruno est celle de l'infinité.

Montrer l'infinité en toutes choses, dans le nombre des êtres et des mondes, dans la durée de ces êtres et de ces mondes, dans l'étendue qu'ils remplissent et dans les progrès qu'ils accomplissent, faire tomber ainsi de toutes parts les barrières de la Nature; telle est l'ambition de G. Bruno. Pour lui, s'il y a un Dieu, le seul monde digne de lui est le monde infini.

L'infinité du monde suppose une puissance infinie de tout devenir et de se transformer en l'infinité des possibles. Cette puissance passive, comme les anciens l'avaient compris, est la matière. Mais la matière passive présuppose une puissance active qui la fait devenir toutes choses; et cette puissance active est, selon Bruno, celle de Dieu. Les anciens ont donc eu tort d'imaginer je ne sais quelle matière du monde différente de Dieu: la substance du monde est en Dieu même. En Dieu, nous avons le mouvement, l'être et la vie. A ce sommet des choses, Dieu et l'universelle substance ne font qu'un. « Cause, principe et unité éternelle, d'où l'être, la vie, le mouvement, dépendent et s'étendent au loin, en large ainsi qu'en profondeur.

Dieu n'est donc pas un être séparé du monde, un être à côté d'autres êtres, qui serait fini. Il est l'unité infinie, et par conséquent l'unité enveloppant une multiplicité sans bornes dans sa puissance féconde.

Puisque Dieu est l'être universel en qui tout subsiste

il ne faut pas se représenter son action ou sa providence comme extérieure aux choses et comme s'exerçant du dehors au dedans. Non, Dieu est la cause intérieure et immanente au monde, qui, comme l'âme organise son corps, organise et gouverne le monde du dedans au dehors. Dieu est donc présent dans le brin d'herbe, dans le grain de sable, dans l'atome qui se joue au milieu d'un rayon de soleil, comme il est présent dans l'immensité, c'est-à-dire tout entier, puisqu'il est indivisible. Cette toute-présence substantielle et naturelle de l'Être infini explique et anéantit tout ensemble, selon Bruno, le dogme de la présence surnaturelle dans l'hostie consacrée. Grâce à la toute-présence réelle de l'infini et à son action indéfectible au fond de toutes choses, tout dans la nature est vivant, rien ne s'anéantit. La vie est une métamorphose de la mort; la mort est une métamorphose de la vie. Dieu est la puissance qui se transforme en toutes choses, et qui n'en demeure pas moins toujours une, toujours la même en soi.

Toutes ces idées, encore vagues chez Bruno et produites par inspiration plutôt que par méthode, contiennent en germe les systèmes opposés de Spinosa et de Leibnitz, ainsi que les principales doctrines de la métaphysique allemande. Mais Bruno diffère de Spinosa en ce qu'il admet que Dieu est une cause finale agissant en vue d'un but, tandis qu'il n'y a point de but pour

Spinosa. Bruno diffère aussi de Leibnitz. en ce qu'il semble identifier la substance du monde avec Dieu même. C'est un mélange de panthéisme et de spiritualisme qui tantôt paraît absorber l'individu dans l'être universel, tantôt répand l'universel dans les individus. » —

A notre sens, Bruno est panthéiste, avant tout. Sa doctrine est la nôtre parce qu'il n'applique à Dieu d'autre attribut que celui de l'infinité, qu'il en éloigne toute idée de personnification et que l'idée de force se relie à celle de Dieu, dans toutes ses propositions. Pour lui, Dieu c'est la cause efficiente de l'univers. « Lorsqu'on parle de la cause efficiente de l'univers, il faut entendre manifestement l'être agissant, l'être partout et effectivement agissant, et par conséquent cette sorte d'intelligence universelle qui parait la principale faculté de l'âme du monde, et comme la forme générale de l'univers. C'est cette force inconcevable qui remplit et éclaire tout, qui dirige la nature dans la production de tous ses ouvrages, et qui est à cette production ce que le don de penser est à la génération des idées humaines. »

Après quelques considérations sur le but de la cause efficiente, c'est-à-dire de la cause finale, en général, dont le but est la perfection de l'univers, Bruno pose le problème suprême. « Puisque c'est l'intelligence, faculté propre à l'âme du monde, qui crée les choses naturelles, il est impossible que la forme soit absolument distincte de la cause efficiente : elles doivent se confondre dans le principe intérieur des choses.

De là cette objection, ou plutôt ce doute : l'âme du monde peut-elle être à la fois raison extérieure et raison intérieure, principe et cause tout ensemble ?... Il sort de cette difficulté par la comparaison subtile et heureuse du nocher dans son bateau.

— « L'âme est dans le corps comme le nocher dans le bateau. Le nocher fait et suit les mêmes mouvements que le bateau : il fait donc partie de toute la masse qui est en mouvement; toutefois parce qu'il est en état de changer ce mouvement, il nous apparaît comme un être à part et qui agit par lui-même. Il en est ainsi de l'âme du monde. En tant qu'elle pénètre et vivifie l'univers, en tant qu'elle constitue une vie unique, une seule forme universelle, elle paraît une partie, la partie intérieure et formelle de l'univers. Mais en tant qu'elle détermine toutes les autres formes, et les organise, elles et leurs relations changeantes, elle doit être mise au rang de cause » —

Dans notre proposition sur la cause efficiente, *la force et ses lois immanentes,* l'x qui reste inconnu, c'est le nocher. La solution de Bruno remplace notre *pétition de principe : la réunion du nécessaire et du contingent.*

Conclusion de Bruno sur l'univers... « Le monde peut tout, produit tout, est tout en tout, et l'infinie variété des choses particulières ne constitue qu'un seul et même être. Connaître cette unité, c'est le but de toute philosophie, de toute connaissance de la nature.

Que tout ce qui respire loue et bénisse l'être infini, cause, principe, unité et tout.

ÉPOQUE MODERNE.

LEIBNITZ.

L'hypothèse des *monades* et celle de l'*harmonie préétablie,* deux rêveries superbes, constituent le fond de la doctrine de Leibnitz. Bien évidemment, cette doctrine ne se relie pas au panthéisme. De ce que la monade des monades, Dieu, est supposée créer des monades inférieures, par voie de fulguration (idée orientale), nous sommes loin d'en conclure : Dieu, en tout.

La conception de l'harmonie préétablie est d'un idéalisme applicable à tous les systèmes qui, dans la recherche du *comment* et du *pourquoi* des choses, veulent remonter au-delà d'une cause première. L'harmonie préétablie, c'est *la nécessité* de Spinosa, le *fatum* des Stoïciens, etc

Leibnitz lui-même, dans sa méthode, annonce son œuvre comme éclectique, puisqu'il tend à concilier les divers systèmes, Platon avec Démocrite (les atomes devenant les monades), Aristote avec Descartes, les Scholastiques avec les modernes, et à prendre le meilleur de tous les côtés. C'est pourquoi nous tenons à relever, dans l'analyse que donne Mr Fouillée de cette œuvre si étendue, si compliquée et si subtile, les formules principes qui sont pour nous très acceptables.

— « Théorie de l'existence. — Activité de la substance. Selon Descartes, la substance était soit la pensée, soit l'étendue... Selon Leibnitz, la pensée n'est qu'une abstraction, sans le sujet *actif* qui pense; l'étendue n'est qu'une abstraction, sans le sujet *actif* qui résiste et qui se meut.

— « La substance est essentiellement active;... elle est une cause, elle est une *force*, c'est-à-dire une puissance qui enveloppe l'effort et le détermine elle-même à l'action... Le mécanisme universel, tel que Descartes l'avait conçu, n'est que la forme extérieure de la réalité; *le dynamisme universel* en est le fond. » —

Pour nous, Leibnitz a raison contre Descartes: ses propositions répondent très bien à notre manière de voir.

MALEBRANCHE.

Quiconque lira Malebranche, y reconnaîtra tout d'abord, un spiritualiste surélevé, pour ne pas dire un illuminé en Dieu... Et pourtant on classe Malebranche au nombre des panthéistes... C'est Voltaire qui a dit l'un des premiers : Pour réduire le système de P. Malebranche à quelque chose d'intelligible, on est obligé de recourir au spinosisme, d'imaginer que le total de l'univers est Dieu.

Pour Malebranche, les idées que Dieu a eu des êtres, en les créant, ne sont point différentes de lui-même ; et ainsi, toutes les créatures, même les plus matérielles et les plus terrestres, sont en Dieu, quoique d'une manière toute spirituelle que nous ne pouvons comprendre.

Les idées constituent l'essence même de Dieu ; ce n'est pas dans le monde extérieur, c'est en Dieu seulement que nous puisons nos idées. Tout ce que nous voyons, nous le voyons en Dieu. Il est le seul auteur de nos pensées, comme il est le seul auteur de nos mouvements. N'était-ce pas dire qu'il est tout ce qui est, car ne laisser aux autres êtres qu'une existence inactive, n'était-ce pas leur dénier l'existence.

— « Certainement, dit Mr Brothier, Malebranche était fort loin de se douter de cette inévitable conséquence de ses idées. Spiritualiste par conviction, il fut syncrétiste sans le savoir. Il est comme une transition entre ces deux doctrines, et si le surnom de Platon chrétien qu'on lui a quelquefois donné lui convient, c'est à la condition de comprendre Platon comme le comprenait l'école d'Alexandrie. » —

SPINOSA.

Le spinosisme, dit Littré, est le système métaphysique où la nature est considérée, à la fois, comme active et passive, et qui est ainsi un genre de panthéisme.

Condillac, dans son traité des systèmes, a écrit : « On a souvent dit que le spinosisme est une suite du cartésianisme : ce n'est pas absolument sans raison ; mais, on doit convenir que les principes de Descartes y sont fort altérés.

Cette appréciation fait comprendre tout ce qu'il peut y avoir d'élévation métaphysique dans l'œuvre de Spinosa et les difficultés qui surgissent pour celui qui veut résumer ce système. C'est pourquoi nous mettrons à profit l'analyse très claire et très succincte qu'en donne Mr L. Brothier, dans son histoire populaire de la philosophie.

— « Brisant avec toutes les traditions, ce hardi novateur, au lieu de chercher dans le sentiment les bases du syncrétisme, conçut la pensée de fonder cette doctrine sur tout un appareil de démonstrations aussi rigoureuses que le sont celles de la géométrie.

Après avoir posé ces deux définitions : la substance est ce qui est par soi et ne dépend de rien ; l'attribut est ce qui ne peut être conçu que comme se rapportant à une substance, il n'eut pas de peine à démontrer qu'il ne peut exister qu'une seule substance, car, s'il en existait plusieurs, elles se serviraient mutuellement de limite. Or, ce qui est limité dépend de ses limites, et, par définition, la substance ne peut dépendre de rien.

Puisqu'il ne peut exister qu'une seule substance, tous les attributs possibles sont les attributs de cette substance unique. Ces attributs doivent être sans nombre ; néanmoins, nous n'en connaissons que deux : l'étendue et la pensée. Cette substance se manifestant par la pensée et par l'étendue, c'est Dieu. Dieu est donc tout ce qui est, et les êtres particuliers ne sont que de simples modifications des attributs divins.

Toute modification de la pensée divine est une âme ; toute modification de l'étendue divine est un corps, et, comme en Dieu la pensée et l'étendue se confondent, et par conséquent, ne peuvent se modifier l'une sans l'autre, il s'en suit que toute modification de l'âme est une modification du corps et réciproquement.

Dieu, comme substance, est l'indétermination la plus complète. En lui rien de déterminé ne se rencontre ; il n'a ni individualité, ni bonté, ni intelligence, ni volonté, ni rien qu'aucun mot puisse exprimer, puisque les mots n'expriment que des choses distinctes. Mais il est l'indéterminé se déterminant sans cesse, sans fin et sans mesure. Ses premières déterminations, l'étendue en général, la pensée en général, malgré leur généralité et leur indétermination, par cela seul qu'elles se distinguent, ont déjà quelque chose de déterminé. Elles-mêmes se déterminent de plus en plus en affectant des modes de plus en plus particuliers, qui sont les êtres et les modifications dont les êtres sont susceptibles.

Dieu et la nature ne sont qu'une même chose. Dieu cependant, en tant qu'il passe nécessairement à l'état de détermination, est la nature *naturante*; en tant que déterminé, est la nature *naturée*.

C'est fatalement et par une nécessité de sa propre existence que Dieu se détermine, se particularise et s'incarne en quelque sorte dans le monde. Tout ce qui se produit, tout ce qui arrive, arrive et se produit fatalement.

Cette doctrine, qui a les plus étroits rapports avec la conception orientale, s'en distingue néanmoins, d'abord par sa méthode exclusivement rationnelle, méthode que Spinosa avait empruntée à Descartes : en second lieu, par la substitution de l'idée de détermination nécessaire à celles de passagères émanations. Le monde de Brahma ne fait que paraître un instant pour bientôt disparaître. Celui de Spinosa, éternel comme Dieu, ou plutôt parce qu'il est Dieu, dure et s'augmente sans cesse par de continuelles déterminations de la substance divine. Et cela est un notable perfectionnement de la croyance ancienne, car cette hypothèse d'un mouvement alternatif de flux et de reflux, de développement et d'enveloppement auquel était soumis l'indéterminé primitif, introduisait dans le sein de cet indéterminé une sorte de dualité qui en altérait l'essence, tandis que l'unique tendance à la détermination, sans alternatives ni retours, n'a rien d'absolument contradictoire avec les conditions mêmes de l'indétermination.

Il est vrai que là se trouve pour le panthéisme un nouvel écueil. C'était déjà bien assez de prétendre que je ne suis à Dieu que ce que mon geste est à mon bras, que je ne suis qu'une modification de Dieu comme mon geste est une modification de mes organes ; Spinosa, très conséquent en cela avec l'idée mère du panthéisme, ajoute que Dieu, dans ses modifications comme moi dans les miennes, sommes également soumis aux lois de la nécessité, d'où la conséquence qu'il n'y a ni bien ni mal, ni droits ni devoirs, ni mérite ni démérite, conséquence qui révolte au plus haut degré la conscience humaine, et rend à tout jamais impossible la résurrection d'une doctrine désormais condamnée sans appel. » —

PHILOSOPHIE CONTEMPORAINE

PANTHÉISME ALLEMAND

Le criticisme de Kant, c'est-à-dire la critique de la *raison pure* et de la *raison pratique*, avait abouti au *scepticisme métaphysique* et au *dogmatisme moral*. Ce dernier point de doctrine, fondé sur l'idée de *Volonté*, ou *Raison*, et de *Liberté*, devait servir de base aux systèmes phylosophiques de Fichte, Schelling, Hégel, Schopenhauer... Bien que Fichte et Schopenhauer ne figurent pas au nombre des Panthéistes, nous dirons quelques mots sur la doctrine de ces successeurs de Kant.

— « En plaçant notre moi et notre volonté dans le domaine de l'inconscient, Kant, dit Mr Fouillée, préparait les systèmes qui identifient tout dans l'obscurité de cet abîme où aucun individu ne peut plus se discerner des autres : Dieu et l'humanité n'y font plus qu'un seul être, qu'on peut appeler d'un seul nom, l'Esprit.

Ce n'est pas tout. Au-dessous de notre pensée, qui donne aux phénomènes leurs formes et leurs lois, Kant admettait une matière inconnue d'où procèdent ces phénomènes, un je ne sais quoi qui nous fournit des sensations Voilà encore un principe mystérieux qui échappe à notre pensée. Pourquoi cet inconnu ne se confondrait-il pas avec les autres inconnus, à savoir notre moi, le moi de nos semblables et le moi de Dieu, qui ont déjà été réduits à une seule existence : *l'esprit* ? La matière inconnue et l'esprit inconnu sont sans doute un seul et même être : la volonté absolue qui produit tout.

C'est pourquoi les sucesseurs de Kant aboutissent, par des voies diverses, à cette conclusion identique : les phénomènes, qui se distinguent l'un de l'autre pour l'expérience, sont pour la raison les manifestations d'un principe unique : l'Esprit absolu.

Cet Esprit absolu, c'est encore nous-mêmes, non plus dans notre vie humaine et passagère, mais dans notre existence divine et éternelle. Rentrer en soi, c'est prendre conscience de cette existence supérieure, c'est rentrer en Dieu et avoir conscience de Dieu, c'est s'arracher aux nécessités sensibles pour jouir de la « liberté intelligible ». La vie physique, qui a pour théâtre le monde, la vie morale, qui a pour théâtre l'histoire, ne sont que les degrés du développement par lequel l'Esprit absolu acquiert peu à peu la conscience de soi. » —

On voit dans quel idéalisme la philosophie allemande se plongeait dès lors !

FICHTE

Kant avait montré que la liberté est le principe absolu; Fichte s'efforce de faire comprendre en quoi la liberté consiste. Elle n'est pas une chose toute faite, toute réalisée; elle se produit elle-même et tend à se réaliser par un développement sans fin... La liberté est tout ensemble son principe et sa fin; elle est l'absolu.

Fichte supprime toute matière indépendante de la liberté. La borne du moi existe; mais il ne la rencontre pas, il la fait.

Pour lui, rien n'existe que *le moi.* « L'activité essentielle du moi ne trouvant rien au dehors d'elle, sur quoi elle puisse s'exercer, se replie nécessairement sur elle-même. Le moi se dédouble en quelque sorte, il devient à la fois la chose connaissant et la chose connue; il est sujet et objet, et le *moi-objet* apparaît nécessairement comme un *non-moi* au *moi-sujet*. En se contemplant ainsi lui-même, en introduisant ainsi la distinction dans la simplicité de son essence, le moi se crée autant de non-moi qu'il lui plaît, et l'ensemble de ces non-moi est ce que nous appelons l'univers. D'où résulte que l'univers et que Dieu lui-même ne sont que nos arbitraires créations, qu'ils n'ont de réalité qu'en nous et que les choses ne sont rien de plus que l'idée que nous nous en faisons, ou, en d'autres termes, que rien n'existe excepté moi et mes idées. » —

Dieu est l'idéal de la liberté. Il n'est pas une individualité, une personnalité particulière; il est la liberté se réalisant progressivement dans le monde... Il est le vrai moi de chaque homme, de l'humanité, du monde entier; mais ce n'est point un être transcendant, extérieur au monde; c'est le *ressort universel immanent au monde lui-même.*

SCHELLING

Fichte faisait dériver la nature de la liberté, le non-moi du moi, l'être de la pensée; Schelling croit que l'absolu est un principe antérieur à cette dualité. La pensée et l'être dérivent l'un et l'autre d'un principe supérieur qui n'est ni l'un ni l'autre. L'absolu est l'indifférence ou l'identité des contraires, une sorte d'intuition simple que Schelling appelle « l'intuition intellectuelle. »

— « Ce système, dit Mr Brothier, auquel Schelling donna le nom de *système de l'identité absolue*, n'est cependant, au fond, que la reproduction, sous des formes modernes et avec quelques tendances idéalistes, des anciens dogmes orientaux. Ce qu'il appelle *l'absolu*, et ce qu'il aurait mieux fait d'appeler *l'indéterminé*, n'est, suivant lui-même, ni fini ni infini, ni être ni connaître, ni changeant ni immuable. C'est en quoi se confondent et disparaissent toutes oppositions, toute diversité, toute séparation; c'est l'absolue identité de l'idéal et du réel, de l'unité et de la pluralité. Cette absolue identité est amenée à la connaissance par la *contemplation intellectuelle*, acte dans lequel le sujet et l'objet concourent et se confondent.

L'identité absolue est, et hors d'elle il n'est rien; tout ce qui n'est pas elle est son développement propre. Ici, Schelling se rapproche de Spinosa, en donnant la loi de ce développement qui s'opère, dit-il, par des oppositions de termes, les uns à prédominance idéale et les autres à prédominance matérielle. C'est aussi, sous une forme symbolique, ce qu'avait exprimé l'antique sagesse de l'Egypte, en montrant les émanations se produisant toujours par couple ou par syzigies.

L'identité dans sa forme originelle, qui est l'absence de toutes formes, est Dieu; l'identité se développant, c'est Dieu encore, mais Dieu ayant nom *nature*. Dans tout cela, on le voit, il n'y a rien de bien nouveau. Ce qui fait l'originalité du système, c'est l'affirmation de l'identité des lois de la pensée et des lois de la nature. Cette identité avait bien été un des principes de la scolastique, mais les docteurs du moyen âge ne s'en servaient que comme d'un moyen de classification, ou tout au plus que pour l'explication de quelques faits particuliers. Schelling va bien plus loin; il soutient que la connaissance des lois de la pensée nous suffirait pour deviner le monde, alors même que le monde échapperait à nos observations; et au moyen de ce qu'il appelle des *constructions logiques* il s'est efforcé, en effet, de créer toute une cosmologie. Malgré la rebutante obscurité de son style, ses travaux dans cette direction sont remplis d'intérêt. Ils ne portent pas la conviction dans l'esprit du lecteur, mais souvent ils le confondent par la nouveauté des rapprochements et la fécondité des points de vue. » —

HÉGEL

L'absolu, chez Schelling, semblait encore un principe supérieur à la nature et à l'humanité ou transcendant : selon Hégel, l'absolu est immanent à la nature et à l'humanité. Il est la raison ou la pensée se réalisant par un progrès sans fin... La vraie raison et la vraie réalité sont identiques : tout ce qui est rationnel est réel, et tout ce qui est réel est rationnel... Le progrès, par lequel la raison se réalise, est *le devenir*...

Ne pouvant suivre Hégel dans sa logique, dans sa philosophie de la nature et de l'esprit, dans les subtilités outrées de sa dialectique, inaccessible à la plupart des lecteurs, nous utiliserons le court et excellent résumé de cette doctrine, exposé par Mr P. Janet dans sa critique contre Mr Taine.

« Le principe fondamental de la philosophie de Hégel (et en cela elle est toute platonicienne), c'est que le général existe avant le particulier, qu'il en est le fondement et pour ainsi dire la substance. La science n'est que la déduction à priori de tout ce qui est contenu dans l'idée de l'être. La seule méthode scientifique est la méthode spéculative, celle qui se place d'emblée dans l'absolu, et qui, partant d'une première intuition, descend, par une série d'antinomies et de synthèses, du général au particulier, de l'abstrait au concret, d'après les lois nécessaires. Dans cette philosophie, la science expérimentale ne doit être que la servante de la science spéculative, la nature doit se soumettre aux arrêts de la dialectique ; l'*idée* est le principe universel dont les choses ne sont que les manifestations. La philosophie qui ne voit rien au-delà des faits, est donc radicalement contraire à la philosophie hégélienne. »

On le voit, c'est Locke complètement retourné ; et, ainsi en va-t-il, dans l'histoire de la philosophie, des systèmes les plus opposés se succédant les uns aux autres. En vérité, il semble que cette histoire ne soit au fond qu'une suite de contradictions dont s'amuse l'esprit humain... Aristote trouvait Héraclite obscur... Que dirait-il de la doctrine de Hégel ?

Voici, sur ce point, l'appréciation de Mr L. Brothier :

Si ce panthéisme parut très nouveau, ce fut surtout à cause de sa forme et de sa manière de procéder par voie d'enveloppement en passant toujours de la *thèse* à l'*anti-*

thèse à la *synthèse.* Il conserve encore, en Allemagne surtout, de nombreux partisans, mais son caractère arriéré et son formalisme un peu pédantesque l'ont empêché de jeter parmi nous des racines bien profondes. Nous avons largement profité des excellentes choses qu'il renferme, mais, comme système, il s'accorde trop mal avec nos tendances novatrices pour que son influence ait pu être bien marquée.

SCHOPENHAUER.

Schopenhauer reprend les principes de Kant, en les modifiant.

Il croit que, dans les limites même de l'expérience, une métaphysique ou théorie de l'univers est possible.

Sa théorie est celle du pouvoir de la volonté... La volonté est ce que nous avons de plus intime; nous sommes volonté... Nous devons chercher à comprendre la nature par nous-mêmes, et non pas nous-mêmes par la nature. Tel est le fond de sa doctrine très idéaliste.

Schopenhauer déclare se distinguer essentiellement des panthéistes. Il affirme aussi, avec Kant, que la philosophie ne peut se construire avec de pures idées: essence, substance, être, perfection, nécessité, infini, absolu, sont des mots qui semblent tomber du ciel... Pour nous, il a raison !

Et pourtant, il se ralie à la doctrine de l'unité d'essence de tous les êtres; il la partage avec les Eléates, Scot Erigène, Bruno, Spinosa et Schelling... Ma méthode, dit-il, est expérimentale, analytique, inductive; celle des métaphysiciens panthéistes est synthétique et déductive... Par cette affirmation, il vise Hégel, son ennemi, et d'autres panthéistes idéalistes.

Schopenhauer dans les conclusions de sa morale, se montre pessimiste à l'excès, et l'idéalisme sur lequel elle se fonde tient de la monomanie. — « Ses disciples les plus récents, dit Mr Fouillée, poussant cette doctrine paradoxale à ses dernières conséquences, espèrent que le monde finira par s'anéantir lui-même quand il aura acquis la pleine conscience de sa misère, la pleine conscience qu'il est un mal!. En attendant l'accomplissement de cet acte d'abnégation mystique, il faut reconnaître que l'esprit allemand, de nos jours, s'accomode assez bien de la vie réelle. » — Messieurs les Allemands ont quelquefois la note gaie!

ÉCOLE SAINT-SIMONIENNE.

LA VIE ÉTERNELLE, DE P. ENFANTIN.

M'étant proposé de terminer cette étude sur le panthéisme par une analyse de l'œuvre de P. Enfantin: —

La vie éternelle. — Il est intéressant que j'expose, d'abord, sur le Saint-Simonisme, quelques considérations extraites du livre de Mr L. Brothier.

— « Pendant que l'hégélianisme agitait les esprits, de l'autre côté du Rhin, la philosophie, en France, quittait la pure spéculation pour entrer dans une voie plus pratique. Alors furent soulevées, et souvent résolues avec une téméraire précipitation, les plus hautes questions sociales.

Nous ne parlerons pas du communisme, qui n'a jamais eu de doctrine dans le vrai sens du mot, et qui s'en est tenu à de vagues invocations au sentiment de fraternité et à quelques arguments tirés de la tradition des premiers âges du christianisme; mais il nous est impossible de ne pas rappeler les travaux si importants des écoles phalanstérienne et saint-simonienne, non toutefois pour discuter leurs théories sur la propriété et sur l'organisation politique, mais pour déterminer leur vrai caractère philosophique.

— « De même qu'Hégel, le saint-simonisme semble avoir confondu le progrès et le développement; et comme la fatalité est ce qui domine dans le développement, comme au moyen d'une méthode historique dont on s'exagérait la portée et dont on voulait conclure, non pas seulement des données générales, ce qui aurait été légitime, mais des faits précis et circonstanciés, on arrivait à considérer chaque évènement comme un des termes d'une série rigoureusement ordonnée, ou, ce qui est la même chose, comme la conséquence nécessaire des faits antérieurs; on arrivait à un fatalisme que Saint-Simon, du reste, avait ouvertement professé, et qui, chez la plupart de ses continuateurs, se traduisait par un dédain mal déguisé pour la liberté politique.

La préférence accordée au développement sur les deux autres aspects du progrès est la suite d'une tendance syncrétiste. Cette tendance fut celle de l'école saint-simonienne, qui le prouva assez en accordant au sentiment beaucoup plus de valeur qu'à la raison et qu'à l'expérience, ce qui la conduisit tout droit à la théocratie d'une part, et, de l'autre, au rêve d'une organisation sociale qui confierait à un sacerdoce la disposition de tous les instruments de travail, terres et capitaux.

— « Cette part faite à la critique, hâtons-nous de dire que le saint-simonisme, qui fut un des grands évènements de notre siècle, rendit à la philosophie d'éminents services : d'abord en la ramenant à la forme religieuse qu'elle ne doit abandonner que lorsque la religion, dont elle est l'âme en quelque sorte, en s'immobilisant, devient un obstacle au progrès; en second lieu, en insistant sur l'égale dignité, sur l'égale valeur de l'esprit et la matière, de la science et de l'industrie; enfin, en proclamant non pas l'égalité mais l'équivalence des deux sexes, et en démontrant avec évidence qu'aucune grande amélioration sociale n'est aujourd'hui possible si elle ne débute par affranchir la femme des restes de servitude qui pèsent encore sur elle.

L'espace nous manque pour rendre compte des brillants et importants travaux que, sous l'influence des mêmes idées, mais dans des directions différentes et en dehors de toutes préoccupations d'école, ont publiés MM[rs] Pierre Leroux, Jean Reynaud, Lamennais, Buchez et plusieurs autres penseurs d'élite. Nous le regrettons vivement, car ces écrits, qui respirent le plus pur et le plus ardent amour de l'humanité, sont le pain intellectuel dont se nourrit, sans le savoir, cette jeune génération qui, dans les rudes labeurs de l'atelier, se fortifie et se prépare à réagir énergiquement, un jour, contre d'énervantes et corruptrices doctrines qui, en descendant de la Bourse dans la rue, finiraient par nous ramener aux hontes du Bas-Empire. » —

En 1828, époque où j'abordai Paris pour la première fois, le saint-simonisme était l'une des questions du moment, agitante pour le public, la presse et les écoles.

Si quelques-uns prenaient au sérieux la doctrine nouvelle, la plupart ne la jugeant que par ses pratiques extérieures, ne faisaient qu'en rire, et n'y voyaient que du charlatanisme. L'école étant tombée ensuite dans l'oubli, la valeur des hommes qui en étaient sortis se révéla plus tard.

Ce ne peut être qu'au point de vue philosophique que je me permettrai de porter un jugement sur le grand-prêtre de la secte dont SAINT-SIMON fut le prophète...

Quoique P. Enfantin proteste contre l'idée panthéiste, on peut dire que sa doctrine en est pénétrée. L'étude que nous allons en faire le démontrera.

Sans doute, cette doctrine a son côté mystique; mais, quelle est celle qui, sur un tel sujet, ne laisse pas une grande part aux conjectures, à l'idéalisme!

Entre tant d'autres, la doctrine de *la vie éternelle* est l'une des moins alambiquées de métaphysique. Elle est toute de sentiment, et c'est par là qu'elle nous a saisi.

Le premier point remarquable qu'Enfantin relève dans sa doctrine, c'est que les personnes qui s'imaginent croire à la vie éternelle, ne croyent pas cependant à une vie PASSÉE, antérieure à leur naissance, et ne croyent qu'à une vie FUTURE, postérieure à leur mort... Le mot ÉTERNEL, en effet, embrasse le passé, le présent, et l'avenir; et, beaucoup l'employent sans y avoir réfléchi.

Un second point concerne ceux qui croyent à la perpétuation de leur personnalité, sans croire à la perpétuation simultanée du milieu où vit cette personnalité... Enfantin voit là : « un rêve d'égoïsme qui détache l'individu de ce qu'il doit aimer, l'homme de ses frères, l'être de tout ce qui n'est pas LUI.

Un troisième point se formule dans la proposition suivante :

« *Ce qui est* contient le résumé de *ce qui fut,* dont il est le tombeau, et le germe *de ce qui sera* dont il est le berceau ; l'union progressive de ce résumé et de ce germe, c'est-à-dire de notre vie passée et de notre vie future, constituent la vie présente, nommée plus spécialement LA VIE. »

En outre de la perpétuation de la vie, chaque être a sa personnalité ; mais, elle n'est pas absolue et se relie en Dieu. C'est par la participation de nos existences à celle de Dieu que nous vivons dans la vie passée, dans la vie présente et dans la vie future... De là le culte des morts, non pas dans leur partie corporelle, car, pour Enfantin, le culte du cadavre est ignorant, grossier, païen, et un des obstacles les plus puissants aux progrès que l'humanité doit faire dans le culte véritable et fécond des morts chéris, regrettés, adorés... « Le vrai culte des morts est dans les vivants, dans les êtres, les idées et les œuvres que le mort aima, auxquels il consacra sa vie ; il est là et non dans les vers et les cendres du tombeau des cimetières. »

—« Ne sommes-nous pas tous, aux yeux de Dieu, des grains de sable? Comme eux, nous avons une loi spéciale qui règle notre destinée; les grains humains ne sont pas non plus sortis du néant et n'y retournent pas; ils sont comme et parce que Dieu est; ils sont, participants de l'éternité et de l'immortalité; ils sont, avec mission de se fondre dans le creuset du temps et d'y former le miroir de Dieu.

Chacune des vies qui ont précédé nos vies actuelles, chaque génération de nos ancêtres vit au milieu de nous, en nous. Si cela n'était pas, nous n'aurions aucun souvenir du passé.

Nous portons en nous, nos premiers parents, en quelque nombre qu'ils soient apparus sur la terre; ils jouissent en nous de leurs vertus, ils souffrent en nous de leurs fautes, et ils attendent que nous les délivrions du mal par nos propres mérites, et que nous augmentions leur gloire de toute la nôtre.

Voilà comment il faut aimer, comprendre et pratiquer la vie *passée* dans la vie présente; tels sont la foi, le dogme et le culte des *morts.* » —

On le voit : la doctrine d'Enfantin, en ce qui concerne la vie passée, est toute de sentiment. Pour la vie présente, elle se concentre dans le dévouement ; et, pour la vie future, elle exalte surtout le sentiment maternel.

— « J'ai dû vous parler des morts, ne fût-ce que pour calmer les aspirations de votre personnalité vers l'avenir, qui vous rendent presque indifférent pour la perpétuation des morts dans le présent. J'ai béni les cendres de nos pères avant d'oser poser mes mains sur la tête de nos enfants.

Pauvre mère, ce n'est pas TA personnalité qui t'inquiète lorsque tu veilles ton enfant malade, lorsque tu t'exposes à tout pour l'arracher à un danger, lorsque tu t'épuises et te ruines pour effacer ses fautes, lorsque tu donnes pour lui ton bonheur, ton sang, ta vie; et si à ta dernière heure, tu aspires au ciel, c'est parce que tu crois y être plus près de Dieu, afin de l'implorer, non pour toi, mais pour ton enfant.

Ah ! il ne s'agit plus ici de l'égoïsme : place au dévouement ! Peu importe de conserver, de perpétuer *sa* vie ; elle est déjà, tout entière et sans réserve, donnée à ce qu'on aime. Toi, tu l'as vouée à ton enfant, un autre à sa patrie, un autre à la femme qu'il adore, celui-ci à l'humanité, le poëte à son œuvre, le premier prolétaire venu à l'enfant qui se noie, le soldat à son drapeau.

Dieu saura bien les retrouver et les faire revivre, ces héros : c'est son affaire et non la leur. » —

— « Tel est le sentiment régénérateur de la véritable vie *future*, comme je vous ai dit celui de la vie *passée* : tous deux sont liés dans la vie PRÉSENTE ; tous deux animent et inspirent le vivant ; tous deux représentent, vivants dans chaque jour, la veille et le lendemain, la reconnaissance envers les anciens et l'espoir dans la jeunesse, l'amour filial et l'amour paternel, double fondement de l'amour, de la famille, de la patrie, de l'humanité, de Dieu.

— « Mais il ne suffit pas d'une croyance sur la naissance et sur la mort : entre ces deux termes extrêmes, il y a la vie.

Qu'est-ce-donc que la vie présente au milieu des vivants ? Est-ce que nous n'avons pas là encore des pères et des enfants, ceux qui nous donnent et ceux à qui nous donnons, nos maîtres et nos élèves, ceux qui nous parlent et ceux qui nous écoutent, ceux qui nous aiment et ceux que nous aimons ? Ne sommes-nous pas passifs à l'égard des uns, actifs à l'égard des autres, personnels envers ceux-ci, dévoués envers ceux-là ?

J'affime que je vis hors de moi aussi certainement qu'en moi ; je le sens aussi bien à ce que j'aime qu'à ce que je déteste, à ce qui m'attire qu'à ce qui me repousse ; je me sens vivre là où j'aime : je suis absent ou mort dans ce que je réprouve ; ce que j'aime double ma vie; ce dont j'ai horreur me la prend, me la vole, me la souille.

Et j'affirme que tous les êtres avec lesquels je suis en rapport, qui me voient, me parlent, me touchent, vivent aussi en moi, comme moi en eux ; que je suis le complément de leur vie comme eux de la mienne. » —

A la suite de ces affirmations, et en vue du sacrifice DE SOI à tous, de sa vie PERSONNELLE à sa vie COLLECTIVE, Enfantin rappelle à Ch. Richard la devise de l'école polytechnique: POUR LA PATRIE, LES SCIENCES ET LA GLOIRE.

— « Patrie ! Que me fait la perpétuité prospère de ma petite vie toute personnelle ? C'est le salut éternel, le bonheur grandiose de ce coin de terre qu'il me faut ; et je dis comme Horace :

Hic mihi præter omnes angulus ridet.

Gloire ! Que me fait de conserver éternellement l'égoïste souvenir, la vaniteuse conscience de mes prétendus mérites, de mes *moi-disant* vertus, si je ne les vois pas éclater sur le monde entier, pénétrer jusque dans l'oreille du sourd, dans l'œil de l'aveugle, dans le cœur, dans la vie de tous, des hommes, des femmes, des vieillards, des enfants, de la postérité la plus reculée, dans l'univers entier, et jusqu'en Dieu même !

Ah? vous croyez que nous aurions eu un Jésus sans cette puissance d'immolation de la personnalité au salut de sa patrie, le monde! et à sa propre gloire dans l'humanité vivante, où il s'incarnait par sa mort même!

Nous n'aurions pas même un zouave, car Dieu sait si ceux-là songent beaucoup à la perpétuation de leur individualité, après qu'ils auront passé l'arme à gauche; mais la France! mais le drapeau! mais l'honneur de l'uniforme! mais les amis! Ecoutez-le! — « Ces Anglais, ces Russes qui prétendent être plus braves que nous! J'y mourrai; mais ils diront tous que j'étais un fier zouave, et on le saura au pays! » —

J'ai tenu à reproduire ces magnifiques expansions d'une philosophie qui a ses subtilités, mais, qui est, au fond, l'une des plus belles que l'esprit humain ait pu concevoir. Les principes qui en ressortent pour la morale publique y sont de la plus haute portée. S'appuyant exclusivement sur le sentiment, toute dialectique en est éloignée, et elle aboutit à des conséquences beaucoup plus pratiques que celles de tant d'autres doctrines entortillées, où l'imagination a toute part, où le cœur n'est pour rien.

Pour Enfantin, l'égoïsme est le fruit de la croyance à la perpétuation de sa personnalité, isolée et indépendante.

Les citations qui vont suivre feront ressortir les aspirations de sa doctrine comparées à celles d'aujourd'hui :

— « Plus ambitieux, plus logique, et j'ose dire plus moral que tous les croyants à la vie future, je la veux telle qu'elle EST, et non telle qu'on la rêve contrairement à ce qu'elle est ; je la veux me reliant de plus en plus indissolublement avec mes semblables, avec la terre, avec l'univers entier : je la veux progressant et faisant progressser tout ce qui n'est pas elle, grandissant sans cesse en souvenirs, en espérances, mais aussi en réalités vivantes ; je la veux perfectible et non parfaite, parce que je suis homme et non pas Dieu ; je la veux aimante et aimée, parce que c'est la seule voie qui rapproche l'homme de Dieu, qu'il n'atteindra pourtant jamais, et qu'heureusement il ne verra jamais face à face, parce qu'il serait alors lui-même un Dieu, et qu'il y en aurait deux, ce qui est absurde.

Si l'on demande où sera cette personnalité ? — Je réponds : Vous croyez qu'elle ne sera plus rien, ou vous croyez qu'elle sera hors de l'univers ; moi, je crois qu'elle vivra, et, *par conséquent,* qu'elle sera dans l'univers.

Mais encore, dans quelle partie de l'univers ?

— Chrétien ! me diras-tu dans quelle partie de ton ciel ou de ton enfer sera la tienne ? Eh bien ! moi, je te réponds que la mienne sera tout entière, comme elle y est déjà en partie, dans ce que j'aime; tandis que toi, tu crois que la mort te séparera de ceux qui t'aiment et te conduira solitaire devant ton Dieu, pour n'aimer et ne glorifier que lui, et surtout TOI-MÊME.

Aprés avoir tracé, en raccourci, un tableau pessimiste de notre état social, Enfantin conclut : — « Si l'on prétend que tout cela tient à ce qu'on ne croit plus à Dieu, ni à sa justice, ni aux peines que l'on subira pour avoir failli à son commandement d'amour du prochain je n'en disconviens pas; mais pourquoi ne croit-on plus? Par la même raison qui fit, jadis, qu'on cessa de croire à Jupiter et à Pluton; c'est-à-dire parce que la croyance aux âmes détachées des corps, de l'espace, du temps, de tout ce qui est, et enlevées dans un ciel au-dessus de tout, ou plongées dans un enfer au-dessous de tout, ne paraît bonne, à tout bourgeois soi-disant éclairé et comme il faut, que pour effrayer et contenir sa femme, ses enfants et ses domestiques.

Et c'est surtout parce que cette croyance délie effectivement le croyant de son prochain et ne le relie qu'à son Dieu. Celui-ci commande, il est vrai, d'aimer le prochain, mais il se garde bien de dire que, dans le ciel ou dans l'enfer, on l'aimera encore. Non ! Ce Dieu jaloux veut qu'après la mort on n'aime, on ne connaisse on ne pratique que lui. Même à une mère, il ne promet pas qu'elle retrouvera son enfant au paradis; ils pourront y être tous deux, mais ils ne s'y verront même pas; ils ne verront que Dieu!

L'humanité repousse cette croyance désolante; mais puisqu'elle a pu l'admettre et la conserver durant tant de siècles, c'est un motif pour espérer que Dieu lui en révélera et qu'elle en accueillera une meilleure, plus sociable, plus religieuse. » —

Oui, cette doctrine est belle, consolante à tous les points de vue; elle donne surtout satisfaction à la morale. Elle eut mérité d'être acclamée, en tout autre temps qu'à notre époque de trouble social où le matérialisme se renforce, accoudé au scepticisme... Elle pourra refleurir un jour...

Nous avons reconnu dans cette doctrine des côtés mystiques... C'est à la fin de la Préface de son livre qu'Enfantin expose les conclusions de ses rêveries... Si elles deviennent pour lui un symbole, elles n'ôtent rien, pour nous, à leur valeur morale.

— « Je crois, dit-il, que toutes les religions antérieures au christianisme ont été fondées sur la tradition, sur la vie du passé, sur l'inspiration des ancêtres, en un mot, sur le PÈRE.

Je crois que le christianisme, au contraire, a puisé sa force dans la prophétie, dans la vie future, dans l'aspiration vers l'homme nouveau, vers le FILS.

Je crois qu'il s'agit aujourd'hui de réunir ces deux sources de vie dans le sentiment vrai de la vie présente, qui doit être l'union de la vie passée et de la vie future, le nœud de la tradition et de la prophétie; l'esprit de paix et de tolérance venant réconcilier les enfants avec leurs ancêtres, le LIEN du PÈRE et du FILS, que les chrétiens ont nommé le SAINT-ESPRIT, et qui est l'amour de chaque être pour son prochain et de tous les êtres pour Dieu. » —

Certes, la doctrine d'Enfantin est pénétrée du sentiment religieux le plus pur, et, c'est parce qu'elle rompt avec les anciens errements du spiritualisme, qu'elle répudie absolument, *la personnalité* de Dieu, qu'elle nous semble attrayante pour beaucoup d'esprits.

Cette doctrine, cependant, est loin de satisfaire à tous les principes que comporte la philosophie de la nature... Ce qui constitue à nos yeux une aberration, c'est qu'Enfantin, dans les rapports de Dieu avec le monde, n'envisage que notre espèce, et en écarte le reste de la création. Tout, pour lui, se concentre sur la famille humaine; c'est elle qui absorbe tout son sentiment et le désintéresse de tout ce qui n'a pas rapport à l'humanité. Si, par ce fait, sa philosophie reste incomplète, écourtée, c'est qu'il a voulu échapper au panthéisme qu'il répudie véhémentement, quoique l'idée principe en soit incluse dans sa doctrine.

Bien qu'Enfantin, avec un scrupule égal à celui d'un spiritualiste, évite de toucher à la matière, il nous paraît encore en défaut quand il affirme la perpétuation de la *conscience* dans la perpétuation de la vie... Confondant l'idée de conscience avec l'idée de vie, il affirme la personnalité de SA conscience *par l'élément du système nerveux* qui est *en lui*... Et, c'est ainsi que, pour nous, sa doctrine s'embrouille, car il frise ici le matérialisme.

L'idée que représente Dieu, dans cette doctrine, l'idée de *vie* nous paraît n'être autre chose que celle de *force*... Nulle part Enfantin ne qualifie Dieu... il le nomme, et se garde de le décorer d'aucun attribut. On peut croire que son excès de délicatesse, sur ce point, l'a empêché de s'accorder au panthéisme.

Pour nous, tout ce qui existe dans la nature participe à la vie universelle, À LA FORCE, à L'AME DU MONDE. La force, comme la matière, la matière comme la force, sont éternelles... Quand l'âme, à la mort, se sépare d'une partie quelconque de la matière, elle rentre dans le GRAND TOUT DYNAMIQUE et porte le principe de vie à d'autres parties.

Sous ce rapport, l'homme ne peut être considéré comme un individu, à part, dans la création... NON OMNIS MORIAR... Voilà ce qu'il peut dire, sans contester le même privilège à ce qui l'entoure dans les trois règnes de la nature.

Ici, ce n'est plus la séparation de l'âme personnelle d'avec le corps, comment l'entendent les spiritualistes; la matière reste à la matière et y trouve une nouvelle vie au contact du dynamisme universel.

Ce n'est pas le néant... Rien ne meurt... Naître et mourir, ce n'est que changer de forme... C'est le flux et le reflux de la conception indoue.

Que l'humanité doive croire à sa transformation pour une existence plus élevée ?... On peut y voir un beau rêve !...

POST SCRIPTUM

Bornons ici notre carrière... en ce qui concerne la philosophie.

Nous ne terminerons pas, cependant, sans reconnaître combien nous sommes redevable aux auteurs qui ont guidé notre étude et auxquels nous avons tant emprunté. Mettre à profit leur science, peut être de bon aloi ; la faire nôtre, et nous en décorer subrepticement, eut été d'une indélicatesse insigne.

Bien que le lecteur n'ait aucun intérêt à connaître comment nous avons été amené à philosopher, nous le lui dirons en quelques mots.

Dans son n° de Janvier 1883, LA REVUE D'ASTRONOMIE publiait, sur l'INFINI dans l'univers, une magnifique conception où la science et la poésie s'élèvent au sublime.— *Signé* FLAMMARION. — ... Ce fut pour moi d'un avant goût qui me porta à lire : « DIEU DANS LA NATURE. L'analyse que j'ai faite de cette œuvre démontre combien je l'ai prise au sérieux. Mr Flammarion m'apparut comme un apôtre s'étant donné pour mission de combattre le matérialisme et de réduire à leur juste valeur les exagérations du spiritualisme théologique. Malgré les contradictions que j'ai du relever dans sa doctrine,

Mr Flammarion n'en reste pas moins, à mes yeux, un auteur dont les excellentes intentions ressortent à chaque page de son livre si instructif.

La rencontre de la publication de Mr P. Janet, *La crise philosophique,* a été pour moi des plus heureuses. Non seulement j'y ai trouvé l'exposition des propres idées de l'auteur, mais encore j'ai profité de ses remarquables appréciations sur la philosophie de MM. Taine, Renan, Littré et Vacherot. J'ai eu aussi l'avantage d'y recueillir quelques notions sur la pléiade de l'Ecole éclectique représentée pas Royer-Collard, Cousin, Jeoffroy, Maine de Biran; école florissante au moment de mes premières études, à Paris, mais que j'avais méconnue à peu près complètement.

Tout d'abord, la dialectique de Mr P. Janet m'avait semblé rebutante; je dois reconnaître que ce qui m'y paraissait excessif provenait de mon ignorance dans le langage de l'école spiritualiste. Aujourd'hui que les termes me sont devenus un peu plus familiers, je lis Mr P. Janet avec plaisir; j'y trouve la précision des idées unie à la simplicité toute élégante du style.

Mr P. Janet aspire, comme Mr Caro, à la conciliation du spiritualisme avec le positivisme; il fait appel aux concessions de part et d'autre... Malgré toute bonne volonté, ces concessions seront-elles jamais suffisantes ?... La personnalité de Dieu et celle de l'âme resteront pour les spiritualistes, le grand champ clos de la discussion... Mr Flammarion lui-même, avec toute la science positive qu'il possède, n'a pu en sortir.

Jusque là, dans ces deux auteurs contemporains, je n'avais eu à voir que le spiritualisme aux prises avec le matérialisme. J'abordai alors *l'histoire de la Philosophie* de Mr A. Fouillée, ouvrage très consciencieusement étudié, d'une exposition aussi nette qu'elle peut l'être dans un sujet si complexe, et qui comporte en lui-même un inévitable dédale. La méthode chronologique de l'auteur, constitue au fond une vaste analyse où l'on trouve, mais dispersées, les trois doctrines : spiritualisme, matérialisme, panthéisme. Il faut y revenir souvent pour commencer à y voir clair.

La méthode de Mr L. Brothier dont je me procurai, à si bon marché, l'excellent petit livre, est synthétique. L'auteur, après un exposé, très élucidé, des principes philosophiques, établit la division des trois doctrines qu'il discute concurremment, l'une après l'autre et dans le même cadre, suivant l'ordre chronologique. Ici, les idées s'enchaînent, de période en période, relevées par un style clair et précis. — On peut dire, d'ailleurs, que les deux méthodes s'appuyent l'une sur l'autre : celle de

Mr Brothier par une exposition bien déterminée dans ses principes ; celle de Mr Fouillée par l'éclaircissement des questions de détail qui y sont traitées d'une manière plus complète.

C'est surtout en ce qui concerne le panthéisme que Mr L. Brothier a été pour nous un excellent guide. — Chacune de ses séries historiques comprenant, dans le même tableau, les trois doctrines, notre attention a été souvent éveillée sur des points de vue syncrétistes contenus dans les écoles spiritualistes. C'est ainsi que l'école néo-platonicienne et plusieurs pères de l'Eglise, au moyen âge, ont partagé les aspirations des Indous.

Le matérialisme, par la grande importance qu'il a acquise en philosophie, exigeait un examen sérieux ; aussi, ai-je donné toute mon attention à la savante exposition de Mr J. *Soury* : BRÉVIAIRE DU MATÉRIALISME.

Dans la première partie de cet ouvrage, les conceptions primitives de l'humanité, sur la création, ont été profondément étudiées, et constituent une légende, des plus curieuses, au point de vue philosophique.

La seconde partie ou la doctrine matérialiste est exposée dans ses phases de développement, à partir de Démocrite jusqu'à La Mettrie, représente un travail complet et des plus intéressants. Le grand mérite de l'auteur éclate dans la haute portée de son jugement et sa brillante manière d'écrire : il a su aussi agrémenter un sujet ingrat par des détails biographiques et anecdotiques y ressortissant parfaitement, et ajoutant à l'intérêt de la question philosophique. Les appréciations sur Gassendi, Hume, La Mettrie, entre autres, y sont un vrai régal de lecture.

Quant à la doctrine MONISTE développée par E. Hœckel, elle est à nos yeux celle du présent et de l'avenir. Elle est venue dégager bien des inconnues; mais, elle laisse, avec tant d'autres, la cause première de l'origine des mondes en discussion... Elle a pour fondement l'atomisme et les abstracteurs de quintescence pourront, longtemps encore, y exercer les subtilités de leur imagination.

FIN.

TABLE DES MATIÈRES.

A la Vieillesse.

Pages

L'HEURE DE PHILOSOPHER. 5

Ire PARTIE.

SPIRITUALISME ET MATÉRIALISME

Prolégomènes : DIEU ET AME. 10

SPIRITUALISME DE Mr C. FLAMMARION.

DIEU DANS LA NATURE. 21

LIVRE Ier. — FORCE ET MATIÈRE. 22

LE CIEL. 30

LA TERRE. 33

LIVRE II. — LA VIE.

LA VIE. — FORCE VITALE. 35

LA VIE. — ORIGINE DES ÊTRES. 37

GÉNÉRATIONS SPONTANÉES. 37

LIVRE III. — L'AME PERSONNELLE. 44

LIVRE IV. — DESTINATION DES ÊTRES. 49

LIVRE V. — DIEU. 52

APPRÉCIATION DE LA PHILOSOPHIE MONISTIQUE

D'E. HŒCKEL. 60

SPIRITUALISME DE Mr P. JANET. 66

IIe PARTIE.

IDÉALISME & POSITIVISME

PSYCHOLOGIE:

DÉFINITION DE L'AME PAR LITTRÉ
CRITIQUE DE Mr P. JANET 77
LES CASES DU CERVEAU. 81
THÉORIE DE LA PERCEPTION EXTÉRIEURE. 88
IDÉES INNÉES. 94

IIIe PARTIE.

PANTHÉISME & SYNCRÉTISME

INTRODUCTION. 102
PHILOSOPHIE DE L'INDE PRIMITIVE, DES ÉGYPTIENS ET DES HÉBREUX. 104
ÉCOLE NATURALISTE D'IONIE. 107
HÉRACLITE. 108
ANAXAGORE. 111
ECOLE IDÉALISTE D'ÉLÉE.
XÉNOPHANE 112
PARMÉNIDE. 112
ZÉNON D'ÉLÉE. 113
PLATON ET ARISTOTE. 114

LES STOICIENS 116

ÉCOLE D'ALEXANDRIE, NÉO-PLATONISME. 118

DE LA NAISSANCE DU CHRISTIANISME
AU MOYEN-AGE. 119

DU MOYEN-AGE A LA RENAISSANCE.

SCOTT ERIGÈNE. 121

ÉPOQUE DE LA RENAISSANCE

PARACELSE. 123

GIORDANO BRUNO. 124

ÉPOQUE MODERNE.

LEIBNITZ. 129

MALLEBRANCHE. 130

SPINOSA. 132

PHILOSOPHIE CONTEMPORAINE

PANTHÉISME ALLEMAND. 136

FICHTE. 137

SCHELLING. 139

HÉGEL. 141

SCHOPENHAUER. 143

IVe PARTIE

ÉCOLE SAINT-SIMONIENNE.

LA VIE ÉTERNELLE, DE P. ENFANTIN. 144

POST SCRIPTUM. 161

ERRATA.

Au lieu de	*Lisez*	Page	Ligne
réflection	réflexion	6	2
q'un	qu'un	6	13
repporter	rapporter	8	1
du spinosa	de spinosa	13	17
nation	notion	51	11
l'existences	l'existence	82	23
trascendante	transcendante	93	22
Ariens	Aryens	106	21
recuellir	recueillir	118	16
Naziance	Nazianze	120	4
comment l'entendent	comme l'entendent	160	11

Du même auteur :

MOLIÈRE ET GUI PATIN

SATIRES MÉDICALES DE MOLIÈRE

GUI PATIN & THÉOPHRASTE RENAUDOT

LA FACULTÉ DE PARIS AU 17e SIÈCLE

QUELQUES CRITIQUES SUR GUI PATIN

SON APOLOGIE

Un volume in-18, 2 fr. 50

www.ingramcontent.com/pod-product-compliance
Lightning Source LLC
Chambersburg PA
CBHW072037080426
42733CB00010B/1918

* 9 7 8 2 0 1 2 8 1 7 9 1 3 *